나이는 먹었지만
일은 하고 싶어

나이는 먹었지만
일은 하고 싶어

이성애 지음

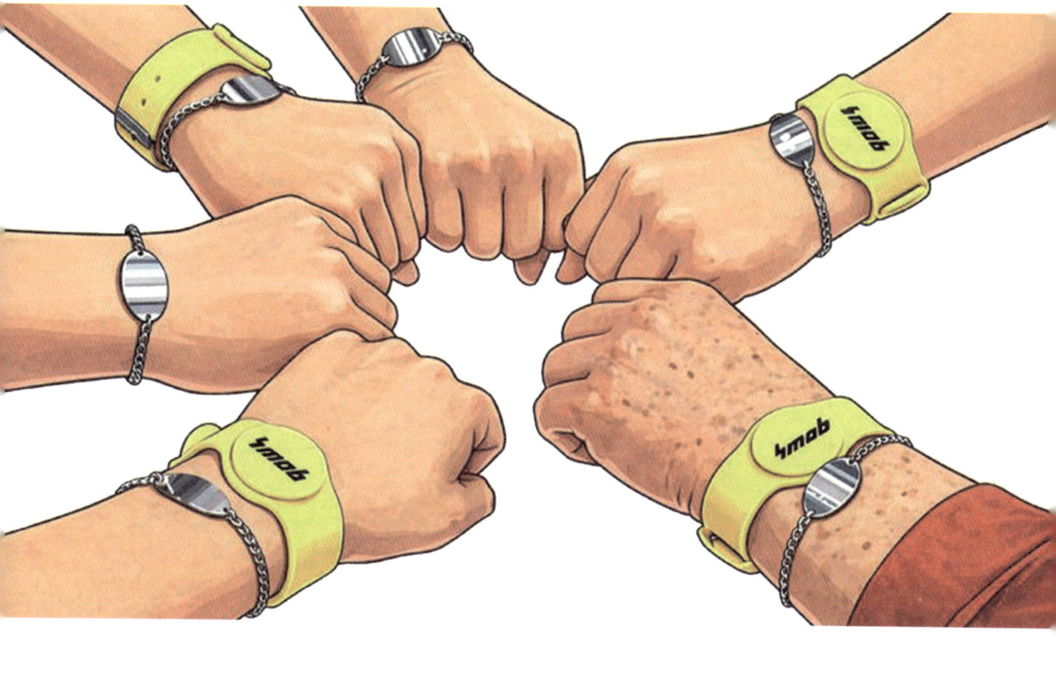

책 읽어주는 핼미의 배우고, 일하고, 창조하는 인생 재설계 프로젝트

 # 시작하는 글

살다 보면 이런 생각이 들 때가 있습니다.

"이 나이에 뭘 더 해, 그저 아픈데 없이 무탈하게 살아가는 게 행복이지."

저 역시 그렇게 믿으며 살아왔습니다.

나이를 핑계로 새로운 시도는 피하고, 익숙한 일상에만 머물러 있었죠.

그러던 어느 날, 딸의 목소리가 마음을 흔들었습니다.

"엄마, 나 이러다 또 쓰러질 것 같아, 정신을 못 차리겠어요.

현준이 하고 책 좀 읽어주세요."

일흔을 바라보는 늙은이더러 손주와 책을 읽으랍니다. 손주와 나는 무려 60년이나 나이 차이가 납니다. 내가 저 어린애들이 읽는 책을 어떻게 읽는단 말인가 이건 현실적으로 말이 안 되는 일이었습니다.

바로 그때, 전에 읽었던 책 속 한 문장이 떠올랐습니다.

"당신을 두렵게 하는 게 있다면, 시도해 볼 가치가 있는 일인지도 모른다."

그 생각에 용기를 냈습니다.

세상의 모든 성공한 사람들도, 위대한 업적을 남긴 사람들도 처음엔 서툴렀을 거다. 나도 손주와 책 읽는 게 어설프겠지만, 두려워만 하고 있을 일이 아니었습니다.

75세에 그림을 처음 그리기 시작해 1,600점의 작품을 남기며 미국의 국민화가가 된 모지스 할머니를 기억하며 그냥 하기로 했습니다. 마침, 친손주 녀석도 외손주와 동갑이고 저와 같은 동네에 살기에 함께 읽기로 했고요.

우리가 첫 번째로 읽은 책은 로버트 루이스 스티븐슨의 『보물섬』이었습니다.

책 속 인물에 대해 생각을 나누었습니다.

친손주는 무인도에 버려진 벤 건이 대단하다고 느꼈답니다. "만약에 나라면, 먼저 마실 물부터 찾아본다고 했어요. 그다음엔 비를 피할 집을 바닷가에 짓고, 배가 지나가면 연기를 피워 구조 신호를 보낸다"고 합니다. 그리고 "산에서 열매랑 먹을 것도 찾아볼 거"라며 현실적인 생존 계획을 말했습니다.

외손주는 "치즈를 벽에다 크게 그려 놓고, 그거 보면서 신나게 놀았을 것 같아"라며 벤 건의 외로움을 이겨낼 방법을 재밌게 상상하여 말했어요.

저는 벤 건이 해적에게 버려져 배고픔을 견디며 동굴에서 지내는 모습을 떠올렸습니다. 유럽 사람들에게 치즈는 우리 밥과 김치 같은 존재입니다. 그래서 벤 건에게 치즈는 단순한 먹거리가 아니라 언젠가 육지로 돌아가리라는 희망이지 않았나 싶습니다.

손주에게 "우리도 어려운 일이 일어날 수 있다. 그때 벤 건처럼 희망을 갖자"라고 했습니다. 희망을 품은 사람만이 보물을 찾는 기회와 구원을 만나게 된다고요.

손주와 책을 읽으며 깨달았습니다. 두려움은 우리를 멈추게 하지만, 그 두려움을 깨는 순간 희망이 생기고 새롭게 도약할 기회 된다고요.

처음부터 잘하는 사람은 없습니다. 저도 책 읽기에 아무런 지식 없이 시작했습니다. 이 책은 5년 동안 손주들과 책을 읽은 기록입니다. 책장을 펼치는 여러분도 아주 작은 시도라도 좋습니다. 손주 앞에서 책 읽는 모습을 보여주는 것부터요. 오늘 손주에게 보여주는 이 작은 시도가 새로운 시작이 될 수 있으니까요.

2025년 9월 가을 문턱에서

이 성 애

차
례

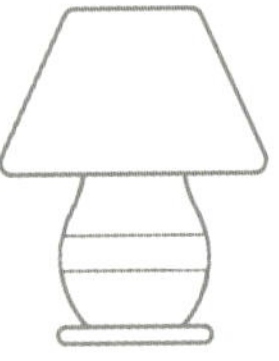

2장
사고력, 문해력, 상상력을 키워준 '책 읽어주는 햄미'

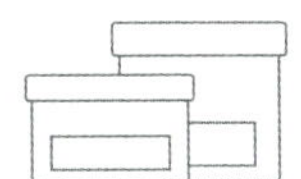

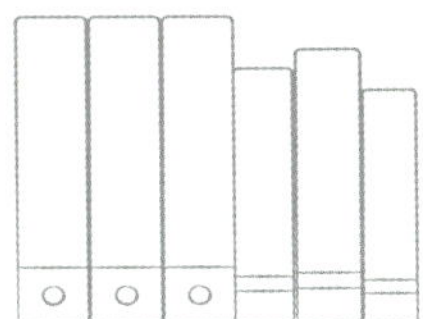

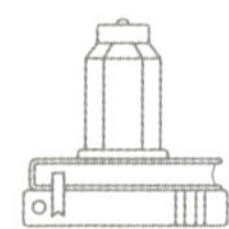

3장
책에서 시작해 삶의 현장 속으로

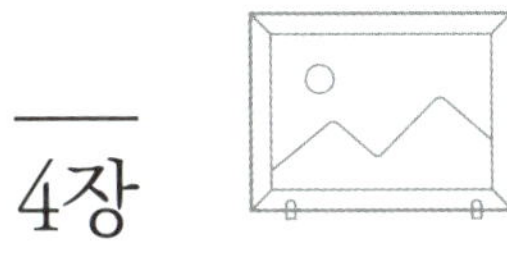

4장
아이들의 독서와 글쓰기 능력을 키우는 역사 여행

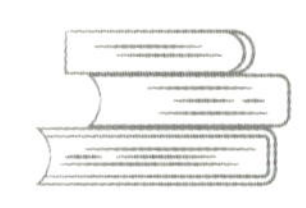

5장
아이들과 함께 성장하는 핼미

제 1장   위기의 엄마들

 # 엄마, 나 또 쓰러질 거 같아요

"엄마, 어제 현준이가 영어 레벨 업 시험을 봤는데 또 못 올라 갔어요. 지금 6개월째 제자리만 맴돌고 있네요. 내가 이 녀석 공부시키려고 출근 시간도 늦췄는데."

외손주는 초등학교 6학년이다. 요즘 공부 좀 한다는 아이는 국·영·수는 물론이고 논술학원까지 다닌다고 하는데 손주는 영어학원뿐만 아니라 학원 가는 자체를 싫어했다. 게다가 개인 과외받는 것도 싫어해 지 엄마가 봐주고 있었다.

딸은 외손주 영어 공부시키느라 7시 통근버스 타던 거를 한 시간 늦췄다. 2년이 넘게 출근 전에 영어 공부를 봐주고 있다.

최근 영어 레벨이 올라가면서 성적이 더 오르지 않자 낙심이
돼 전화한 거다. 지난주 부서를 옮겨 처리할 서류가 24시간도
모자란다는데 아이 성적으로 저렇게 속상해하니 딱히 해줄 말
이 없었다.

"현준이는 열심히 하니까 성적이 오를 거야. 조금만 기다려봐."

위로가 되지 않을 걸 뻔히 알면서도 뾰족한 수가 없어 이런 말
만 건넸다. 내가 뭔가 도움을 줄 수 있는 일이라면 선뜻 나서서
도와준다고 하겠지만 영어 공부에 관한 거라 안타깝기만 했다.

며칠이 지난 후 또 전화가 왔다.

"엄마, 현준이가 영어 레벨 업에 못 올라간 이유를 알았어요.
독해력 부족이었더라고요. 독해력 부족이란 책을 덜 읽었다는
얘기죠. 그동안 책 읽기를 학습 도우미에게 맡겨 두고 '알아서
읽히려니 믿고 있었는데 제대로 안 읽힌 거죠. 바로바로 챙기
지 못한 내 잘못이 더 커요. 늦었지만 지금이라도 읽혀야겠어
요. 다행히 집 주위에 학원이 있네요. 잘됐다 싶었어요. 친구들
과 읽으면 좋겠다는 생각에 신청했는데 당장은 못 들어간다네
요. 현준이 학년에 맞는 반에 들어가려면 기다려야 한대요. 대
기자가 4명이나 있다네요."

딸은 외손주 영어 레벨 업이 안 된 게 한글 독해력 부족이라 했다. 책 읽는 곳을 알아보았지만 이미 인원이 차서 들어갈 수가 없는 상황이란다. 언제 나올지도 모를 자리를 마냥 기다리고 있을 수가 없어 둘이 무조건 시작했다고 했다.

이렇게 3주를 읽었는데 더는 버틸 수가 없었던 모양이다. 아침 식사 준비도 해야 하고 출근도 해야 한다. 그 와중에 2학년 작은애 숙제까지 봐줘야 하니 아침마다 전쟁을 치르는 것 같다고 했다.

"엄마, 나 이러다가 또 쓰러질 거 같아요. 정신을 못 차리겠어요. 나 좀 도와주세요. 현준이 하고 아침에 책 좀 읽어주세요."

하지만 70이 다 된 내가 초등학생 손주와 어떻게 책을 읽을 수 있단 말인가. 말도 안 되는 소리다.

"아니, 내가 어떻게 아이 읽는 책을 읽냐? 그건 내가 할 수 있는 일이 아니지. 그리고 네 말마따나 설령 내가 책을 읽어준다 치자. 현준이가 할머니랑 책을 읽으려고 하겠냐."

안타깝지만 거절했다. 그래도 딸은 포기하지 않았다. 학습 도우미도 안 되고 학원도 갈 수 없는 상황에서 본인 힘으로 안 되니 엄마에게 매달릴 수밖에 없는 상황이다.

"아니야, 엄마는 충분히 할 수 있어요. 어렵게 생각할 것 없어요. 그냥 줌(ZOOM)으로 만나서 읽기만 하면 돼요. 아이가 잘 따라 읽나 그것만 봐주시면 된다고요."

딸의 간절한 목소리를 들으니 마음이 흔들렸다. 도와주고 싶다는 생각도 들었지만 현실적으로 쉬운 일이 아니었다. 내가 읽은 책은 수필집이나 자기계발서다. 요즘 아이가 읽는 동화책이나 어린이용 책을 어떻게 읽을 수 있다는 말인가. 읽더라도 무엇을 느끼고 무엇을 나눌 수 있을지 난감했다. 그런데도 내 새끼가 힘들어하니 한편으론 도와줘야 하지 않나 싶기도 했다

딸은 직장에 다니고 있다. 아이 둘을 키우며 직장 생활을 한다는 건 여간 고된 일이 아니다. 그런데도 아이 공부에 지장이 없도록 온 신경을 쏟는 걸 곁에서 보고 있노라니 안쓰럽기 짝이 없다. 엄마인 나와 편하게 얘기할 시간도 없어 통근버스 타러 가는 길에 걸으면서 통화한다.

"엄마, 나 이러다가 또 쓰러질 거 같아요. 엄마! 나 좀 도와주세요. 현준이 하고 책 좀 읽어주세요."

그 순간 이런 말이 떠올랐다.

"두려운 일이 있다면 해볼 가치가 있는 일일 거다."

위대한 일을 이룬 사람들도 처음에는 두려웠을 거고, 나 역시 손주와 책 읽는 게 두려울 거다. 그렇지만 내 새끼가 저렇게 힘 들어하니 용기를 내봐야 하지 않겠는가.

어머니 속상해 죽겠어요

"왜 그래? 왜 그래? 어미야! 울지 말고, 말을 해봐."

며느리에게 큰일이 일어났구나. 회사에서 무슨 일이 일어났구나?, 어디가 아픈가?, 전화기를 든 손이 덜덜 떨리고 가슴이 쿵쾅거려 앉아 있을 수가 없었다.

"어머니! 너무 힘들어요. 서현이가, 서현이 가요, 학원을 또 안 갔대요."

며느리는 이 말을 해놓고 더 이상 말을 못 하고 울기만 했다. 조금 기다리니 진정이 되었나 보다.

"제가 뭘 잘못하고 있나 봐요. 출근하기 전에 서현이 아침 공부를 봐주었는데, 얼마 전부터는 내 공부한답시고 새벽에 나오거든요. 그래서 소홀히 했더니 학원도 툭하면 빼먹고, 친구들과 어울리면서 게임이나 하고 다녀요. 이번이 처음이 아니에요. 어머니 어떡해요. 서현이가 이렇게 된 게 다 저 때문인 것 같아 속상해 죽겠어요.”

며느리 속 타는 마음이 그대로 전해졌다. 며느리는 손주 공부 봐주다 얼마 전부터 업무에 관련된 공부가 있어, 시험공부 중이다. 아들 공부를 못 봐주게 되자 잘못된 길로 빠지게 되었다고 자책하고 있었다.

“아이고! 그래. 그랬구나. 어미 속상해서 어떡하니? 그동안 마음 졸이면서 얼마나 힘들었니. 그런데 괜찮다! 그거 너 잘못 아니야. 그러니 너무 죄책감 느끼지 마라. 너 지금 잘하고 있잖아. 네가 집에서 살림만 하는 것도 아니고 회사 일하랴, 살림하랴, 애들 키우랴, 이것만으로도 버거운데 거기다 공부까지 하느라 얼마나 애쓰고 있니. 그 생활을 그대로 보여주고 있잖아. 그런 모습이 서현에게 진짜 공부가 되는 거란다.”

나는 며느리가 직장 일과 살림까지 얼마나 많은 역할을 해내고 있는지 누구보다 잘 알고 있다. 매일 새벽에 일어나 아이 공부시키고, 출근해서 늦게까지 일하고 퇴근하면 또다시 엄마가 되어 종일 쉴 틈 없는 며느리이다. 말을 이었다.

"에미야, 자식은 부모의 뒷모습을 보고 자란다는 말도 있잖니. 멀리서 찾을 것도 없다. 당장 네 남편을 봐라. 너도 알다시피 사춘기를 유별나게 치러 내 애간장이 다 녹아 버릴 뻔했잖니. 그때 나도 내 새끼가 학원도 빼먹고 친구하고 어울려 다녀서 큰일이 나는 줄 알았단다. 공부를 못해서 남들이 알아주는 명문대에 못 가면 그대로 사회의 낙오자가 되는 줄 알았다니까. 나도 지금의 네 마음과 똑같았지. 그런데 지나고 보니 그렇지 않더라. 그렇게 말할 수 있는 증거로 네 시아버지와 네 남편을 보렴. 네 시아버지는 사장이라고 거들먹거리지도 않고 항상 직원보다 일찍 나와 일하는 모습을 자식에게 그대로 보여주었잖니. 부모의 부지런함을 보고 자란 네 남편은 사춘기 때 잠깐 방황은 했지만 바로 제자리로 돌아와서 지금 너 보다시피 사업도 잘하고 열심히 살고 있잖아. 그러니 마음을 느긋하게 먹어보자. 사실 서현이도 코로나로 갇혀 있는 생활 자체가 답답해서 그럴 수도 있고 한참 친구를 좋아할 때라 놀고 싶어 그랬을 거야."

시어머니가 시대에 뒤떨어진 말을 하고 있다고 생각할 수도 있겠지만 내 얘기를 해주니 며느리 마음이 가라앉은 듯했다.

"어머니! 사실 며칠 전에 퇴근하면서 버스도 타지 않고 울면서 집에까지 걸어갔어요. 누가 뭐라고 하지도 않았는데 왜 그렇게 서럽던지 지나가는 사람들이 쳐다보거나 말거나 아랑곳하지 않았어요. 아마 누가 봤으면 '저 여자 엄마라도 죽었나?' 그랬을 거예요. 요즘 개인적으로 공부하고 있는 제 사정을 모르는 회사는 일을 추가로 주고 있거든요. 야근을 9시~10시까지 해도 처리를 못 하고 있어요. 그리고 공부는 왜 그렇게 어려운지. 전문적인 용어가 전부라서 무슨 내용인지 알 수가 없어요. 외워도 외워도 외워지지 않고 제자리만 맴돌고 있네요. 그런데도 회사에서는 또 새 프로젝트를 짜야 한다며 회의가 계속이에요."

"아이고! 그랬구나. 그런 일이 있었구나. 근데 어쩜 우린 시모녀 아니랄까 뭐 안 되면 우는 것까지 닮았다니. 나도 며칠 전 독서 모임에서 발표할 파워포인트를 만드는데 남들은 쉽게 후다닥 잘도 만들던데 막상 내가 하려니까 왜 그렇게 어렵던지. 배울 때 처음 들어본 용어라 겨우 알아듣고 이해했었거든. 그런데 실제로 해보니까 생각이 안 나더라고. 검색해서 찾아낸 사진과 자료들을 내려받는 것까지는 잘했는데 저장해놓은 곳을 몰라 내 PC, 내 문서 내려받기 다 뒤져봐도 감쪽같이 없어진 거야. 그걸 못 찾아 쩔쩔매고 있는 내가 정말 바보 같더라고. 더는 컴퓨터에 매달려 있을 기력이 없어 자판기만 두드리다가 산으로 올라갔어. 산에서 한참을 멍때리고 있으려니 왜 그렇게 한심하던지, 못 배운 것이 왜 이렇게 서럽던지. '나는 뭐 하느라 남들 다 하는 파워포인트도 못 하나.' 하는 생각이 들어 눈물이 흐르더라."

속내를 털어놓는 통화를 하고 나니 며느리도 나도 속이 좀 후련해진 것 같았다.

지난번 봤을 때 며느리 얼굴이 눈만 걸려있었다. 그러잖아도 말라빠져 키만 꺼벙한데 바람 불면 날아갈 것 같았다. 내일은 아무리 바빠도 좋아하는 해물찜 해서 챙겨줘야겠다. 잘 먹어야 힘이 나지. 아이들 문제로 저렇게 힘들어 하는 며느리에게 작은 힘이 되어줄 수 있다면 좋겠다.

아이를 키우다 보면 예기치 못한 어려움을 겪는다. 아이가 방황하거나 옆길로 샐 때, 괜히 내 탓인 것 같아 마음이 무겁다. 하지만 우리도 한때는 길을 잃었던 적이 있듯, 아이에게도 잠시 지나가는 바람일 뿐이다. 그런 과정을 통해 아이는 자란다. 잠시 멈추어 솔직하게 대화를 나누거나 아이하고 간단한 산책이라도 한다면, 서로를 이해하지 않을까. 아이는 부모인 나의 마음을 나는 아이의 생각을.

# 문해력이 뭐길래

딸이 쓰러질 것 같다고 한 것도, 며느리가 힘겨워하는 원인도 결국 아이 교육 문제였다. 회사 일하랴, 집안일 챙기랴, 아이 공부 신경 쓰랴. 워킹맘들의 고통을 바로 내 새끼들이 겪고 있다. 딸 이야기를 조금 더 들어보니 외손주가 영어 실력이 늘지 않는 건 영어 자체를 몰라서가 아니라 문제가 무엇을 의미하는지 이해를 못 하기 때문이란다. 다시 말하면, 한글 문장에 대한 이해력, 바로 문해력이 부족해서였다. 며느리하고도 얘기해 보니 손주 녀석도 예체능은 특별나게 잘하고 사회, 과학, 수학은 그런대로 하는데 국어가 어렵다고 했단다.

외손주나 친손주나 모두 그 '문해력'이 문제였다. 문해력이 어떤 건지 알아보았다. 문해력이란 한마디로 글을 읽고 이해하는 능력을 말하는 거다. 그런데 요즘에는 한글을 알아도 그 문장이 구체적으로 무슨 뜻을 나타내는지 이해하지 못하는 사람이 많다고 한다.

예를 들면, 요즘 젊은이 중에 '금일(今日)'이라는 단어가 '금요일'이라고 하는 사람이 있어 이 일로 담당자와 갈등을 겪은 사례가 언론에 보도되기도 했다. 사실 '금일'이라는 말은 50대 이상인 사람이 옛날에 사용하던 말이다. 이 말은 한문으로 '오늘'이라는 뜻을 나타낸다. 하지만 요즘 젊은이들은 이 말을 안 쓴다. 그러니 '금일'이라는 말을 들어본 적이 없으니 금요일이라고 추측할 수도 있다. 또한 '사흘(세 번째 되는 날)'을 '4일'로 이해하는 사람도 있다고 한다. 오죽하면 신문 제목에도 '사흘째'라는 말을 '4일째'로 썼을까 싶다.

기성세대는 요즘 세대가 만들어낸 신조어를 모른다. 요즘 세대는 기성세대가 쓰던 말을 들어본 적이 없어 세대 간에 의사소통 문제가 발생한다. 이러한 문제와 더불어 요즘 아이들은 스마트폰과 게임기 등 전자기기에 노출되어 영상으로 정보를 접하는 경우가 많다. 더구나 요즘은 챗GPT 이용이 늘면서 책 읽는 시간은 점점 줄어들고 있다.

그러다 보니 글을 읽었는데도 불구하고 이해하거나 해독하지 못하고 있다. 결국 소통에 어려움을 겪고, 조직 생활하는 데도 힘들어하는 사람이 많아지고 있다는 거다.

가장 과학적인 한글은 깨치기도 쉽고 읽기도 쉽다. 문맹률 1% 이하인 우리나라는 전 국민이 글을 읽고 쓰는데 왜 그 의미를 파악하지 못하는 걸까? 하기야 나 역시 책을 읽으면서도 이해가 되지 않을 때가 있어 몇 번을 거듭 읽은 적이 있다.

국가평생교육진흥원에 따르면, 성인 22% 정도가 생활 중에 필요한 문해력을 갖추지 못한 '실질적 문맹'이라고 조사됐다. 한마디로 읽고 쓸 수는 있으나 어휘력이나 논리력 등이 부족해 이해 못 하는 사람이 많다는 거다.

요즘은 젊은 직원들이 글을 이해하는 능력이 예전보다 부족하다는 말이 자주 들린다. 성균관대학교의 원만희 교수도 "학생이 글의 중요한 부분을 잘 찾지 못하는 걸 보면 긴 글을 읽고 이해하지 못하는 거 같다"라고 말했다. 이렇게 글을 이해하지 못하면, 공부를 제대로 하지 못하게 되고 결국 성적 차이가 생길 수밖에 없다. 또한 일상생활에서 다른 사람과 소통하기도 어려워지고, 나중에 직업을 구할 때도 문제가 생긴다.

OECD에서 24개 나라의 성인들을 조사해 보니, 글을 잘 이해하는 사람은 글을 이해하지 못하는 사람보다 시급이 60% 이상 높았다고 한다. 게다가 글을 이해하지 못하는 사람은 실업자가 될 확률이 2배 이상 높다고 나왔다. 반대로, 글을 잘 이해하는 사람은 생활 만족도가 높다. 따라서 우리는 생활 속에서 중요한 결정을 내리거나 사회생활을 잘하기 위해서는 글을 이해하는 능력이 꼭 필요하다.

코로나로 인해 오프라인으로 하던 강의가 줄면서 독서를 했다. 혼자서는 안 읽히기에 독서 모임에 가입한 거다. 평생학습을 하며 자기계발도 하고, 누군가를 가르치는 강사여서 책은 꼭 읽어야만 해서다. 모임에서는 매일 읽을 분량을 정해주었다. 그리고 그에 대한 느낌과 깨달음을 쓰는 시간을 가졌다. 그러나 꾸준히 읽는다는 건 생각보다 어려웠다. 모임 일정에 맞춰 읽다가도 바쁜 일이 겹쳐서 못 따라가면 그만두고 싶을 때가 한두 번이 아니었다. 그럴 때 리더의 격려 전화에 체면상 따라가는 일도 있었다. 이런 과정을 반복하자 문해력은 책을 읽지 않으면 절대 얻어질 수 없다는 사실을 알게 되었다.

처음에는 억지로라도 책을 읽으며 습관을 들여야 했다. 힘들고 버거운 단계를 넘어서니 문장이 이해되었다. 이 과정에서 딸이 원하는 문해력이 바로 이거구나 싶었다. 문해력이 부족하면 복잡한 문제를 해결하거나 다른 사람과 소통할 때 벽에 부딪힐 수밖에 없다.

나는 독서 모임을 통해 억지로라도 책을 읽는 습관을 들인 덕에, 문해력의 중요성을 깨달을 수 있었다. 문해력의 중요성을 깨닫고 나니 손주들이 눈에 밟혔다. 지금처럼 문해력이 부족한 채로 중학생이 되면, 영어뿐 아니라 모든 과목에 영향을 미칠 것이 분명하다. 그러니 손주들, 문해력을 위해 책은 꼭 같이 읽어야겠다는 생각에 마음이 분주해졌다.

 # 손주를 위해 줌을 켜다

코로나로 인해 외부 활동을 할 수 없는 상황이었다. 온라인으로 배울 수 있는 것들을 찾아가며 배웠다. 독서 모임에서 자기계발서를 읽을 때, 운전면허 시험에 960번을 도전해 합격했다는 차사순 할머니의 이야기를 들었다. 75세에 붓을 처음 들고 그림을 그리기 시작해 1,600점의 그림을 남긴 미국의 국민 화가 모지스 할머니 이야기도 접했다. 그런 이야기들은 나이를 먹은 내게도 '할 수 있다'라는 희망을 주었다.

사실, 내 마음 한편에는 채워도 채워도 채워지지 않는 빈자리가 있다. 그 자리는 내 상처다. 아들, 딸, 둘 다 유학 갔다 와 아들은 사업을 하고 딸은 회사에 다니고 있다. 둘 다 예쁜 가정도 꾸렸다. 나도 남들에게 손 벌리지 않고 그럭저럭 살만하다. 하지만 그 상처는 누가 건드리는 것도 아닌데 나를 아프게 한다. 특히 주위에 글을 잘 쓰거나 말을 잘하는 사람을 보면 그냥 쪼그라들고 열등감이 올라온다. 그건 아마도 내 안에 아직 치유하지 못한 '상처 입은 아이' 때문인가 싶다.

한참 학교 다닐 시기에 엄마가 병이 나셨다. 아버지는 공사 현장에서 화약 다루는 일을 하셨는데, 엄마가 아픈 것도 모르고 채석하느라 강화의 어느 섬에 계셨다. 어쩌다가 한 번씩 오시기는 하지만 일 때문에 바로 가셨다. 업무상 위험물을 취급하는 직책이라 현장을 잠시도 비울 수 없어서였다.

엄마는 우리 세 자매를 이웃집에 맡기고 서울 큰 병원으로 가셨다. 우리는 이웃집에서 밥 먹고 잠자며 지냈다. 그런데 어느 날부턴가 내가 동생들을 데리고 집으로 와 밥을 해 먹이기 시작했다. 누가 시키지도 않았는데 왜 그랬는지 모른다.

그때는 아궁이에 불을 때서 밥을 짓는 시절이었다. 돌이 갓 지난 셋째를 업고 허리도 펴지 못한 채 불을 땠다. 연기가 나서 눈물이 나온 건지, 엄마가 보고 싶어 눈물이 나온 건지 눈물을 닦으며 밥을 했다. 둘째가 배고프다며 옆에서 턱 괴고 기다리고 있는 바람에 솥뚜껑을 열 번도 더 열어 봤다. 나중에 이웃 아주머니께서 아시고는 아이고! 어린 것이 동생들 배고파할까 봐 밥을 했네. 기특하다며 칭찬해 주셨다.

반찬이라고는 짠지밖에 없었다. 엄마가 계셨으면 짠지 하나만 동생들에게 주지는 않았을 텐데, 그래도 이웃 아주머니들이 짬짬이 반찬도 주시고 불러서 밥도 주셨다.

문제는 학교 가는 거였다. 늘 붙어 다니던 친구가 학교 가는 길에 우리 집에 들렀다. 친구가 책보를 맨 모습을 보니 학교가 너무 가고 싶었다. 나도 책보를 메고 나서려니 둘째가 울면서 따라나섰다.

"언니 나도 갈 거야."

따라오려는 동생을 한 대 쥐어박으면서 말했다.

"언니 학교 가야 하니까, 아기 일어나면 동생 잘 보고 있어."

그 소리에 셋째가 잠에서 깼다. 지금 강화에 사는 동생이 돌이 막 지난 두 살 때였다. 결국 셋째는 내가 업고 둘째는 친구가 손잡고 학교에 갔다. 하지만 교실에는 들어가지 못했다. 친구만 들어가고 나는 운동장에서 빙빙 돌다 오곤 했다. 두 동생을 데리고 교실에 들어갈 수가 없었기 때문이다.

병원에 갔던 엄마가 오셨다. 나중에 엄마에게 들은 얘기인데, 한 달 반 만에 집에 오니까 셋째가 햇볕에 새까맣게 그슬려 눈만 걸려서는 엄마를 몰라보더란다. 엄마가 안으려니까 낯을 가려 발버둥이치고 울었다고 했다. 엄마는 오셨지만, 어찌 된 일인지는 몰라도 그 후로 학교를 못 갔다.

이런 이유로 배우지 못한 것이 상처가 되었다. 기회만 되면 공부하려고 했고, 모르는 게 있을 땐 어떻게든 알아보고 싶었다. 그래서 독서 모임에 가입해 책도 읽고, 자기계발에 성공한 명사나 작가들의 강의는 물론, 처음 들어보는 마케팅 강연도 들었다. 이를 통해 그동안 전혀 알지 못했던 분야 사람들을 만나게 되었다.

지금 세상은 스펙이나 학력, 나이가 중요한 게 아니라 자신이 잘하는 것을 살려서 다른 사람에게 도움을 줄 수 있는 시대임을 알았다. 나도 누군가에게 도움을 주는 사람이 되고 싶었다.

딸이 부탁한 대로 외손주와 책을 읽기로 했다. 외손주와 읽기로 맘을 굳히니 공부 때문에 걱정하는 며느리가 눈에 밟혀 친손주에게도 읽자고 권했다. 둘은 사는 곳이 달랐다. 같은 시간, 같은 장소에 모일 방법이 필요했다. 강남의 외손주와 강북의 친손주를 한자리에 만나기 위해 줌을 개설했다.

손주와 줌으로 연결됐다. 아이들 눈높이에 맞추는 일이 어려웠다. 어색하고 서툴렀지만 손주들이 책 속 문장을 이해하고 질문하기 시작했다. 책 속 인물에 대해 이야기하고, 자기 생각을 말하는 걸 들으며 책 읽는 일이, 문해력을 키우는 가장 확실한 방법이란 걸 알아간다.

드럼을 배우던 그 열정, 어르신에게 추억과 기억을 찾아주는 노래 강사 일을 지금은 책 읽고 손주 마음을 두드리고 있다.

# '처음'이라는 두려움을 넘어

"산다는 것은 수많은 처음을 만들어 가는 끊임없는 시작입니다."

신영복 교수의 책 《처음처럼》에 나오는 문장이다.

돌이켜보면 내 인생에도 수많은 '처음'이 있었다. 처음 결혼하고, 처음 아이를 낳고, 처음 집을 지었다. 그렇다. 삶은 늘 '처음'을 지나야만 다음 단계로 나아갈 수 있다.

처음 손주들과 책을 읽겠다고 했을 때 두려움이 앞섰다. 늙은 이가 요즘 아이들이 쓰는 말을 알아들을 수 있을까? 60년이나 차이 나는 할머니와 책 읽는 걸 좋아할까? 책 읽는다고 문해력에 도움이 될까? 꼬리를 무는 염려로 마음이 복잡했다. 하지만 인생에서 수많은 '처음'을 지나온 내가 아닌가. 일단 시작하면 어떻게든 방향을 찾을 거란 생각으로 책 읽기를 시작했다.

아침 5시 50분에 온라인 만남을 위해 줌 주소를 보냈다. 첫날이라 아이들 컴퓨터에 줌이 세팅되어 있지 않았다. 약간의 혼란을 겪은 후 읽기를 시작했다. 딸이 첫 번째 추천해준 책은 문학 고전으로, 남자아이들에게 흥미를 줄 수 있는 책인 로버트 루이스 스티븐슨의 《보물섬》이다.

보물섬은 작가 스티븐슨이 자신의 양아들이 그린 섬의 지도를 보고 영감을 얻어 쓴 책으로, 남자아이들에게 모험 세계와 상상력을 전해주는 해양소설이다.

책 읽을 때는 소리 내며 돌아가면서 한 문단씩 읽었다. 나도 읽었다. 처음 해보는 거라 어떻게 해야 할지 몰랐다. 차츰 익숙해지자 한 페이지씩 읽기로 했다. 아이 책인데도 모르는 낱말이 많아 네이버 사전을 검색했다. 검색해서 낱말 뜻과 쓰임새를 알고 나니 문장을 이해할 수 있었다. 아이들뿐만 아니라 나에게도 좋은 공부가 되었다.

예를 들어, '캡스턴(capstan)'이라는 말은 '닻이나 무거운 짐 등을 끌어올리거나 당기는 장치'를 뜻하는 것이고, '후미'라는 말은 배 뒷부분을 말한다. 또 뒤쪽 끝이라는 뜻으로 군인이 행진할 때 맨 뒤에 있는 군인 또는 뒤쪽에 따라오는 차량 따위를 이르는 말이다. 이렇게 모르는 낱말을 찾아가며 읽으니까 왜 문해력이 부족할 수밖에 없는지 알 수 있었다.

손주들은 바쁘다. 초등학생임에도 새벽 6시에 일어나 영어 공부를 한 시간씩 하고 등교한다. 학교를 마치면 학원에서 또 공부해야 한다. 학교나 학원에서 내주는 숙제하기도 시간에 쫓기고 있다. 차분하게 앉아 책을 읽으며 책 속 문장이 무슨 뜻인지 생각할 겨를이 없다. 당장 급하지 않으니 그 뜻을 알아내려고 애쓰지 않는 거다. 이왕 책을 읽게 된 거 중학교나 고등학교에서 배우는 공부에 지장이 없게 문해력을 갖추게 해주고 싶었다.

손주 2명으로 시작했던 책 읽기가 여러 반으로 늘어났다. 아침 6시 세종 반으로 외손주와 친손주 2명이 읽었다. 두 번째 반은 외손녀와 같이 읽는 사임반이다. 사임반은 4명으로 오후 6시다. 세 번째 반은 외손녀 친구 4명이 추가로 더 들어와 오후 7시 반에 읽는 사임반이다. 네 번째 반은 5학년 남자 조던반이다. 조던반은 학교 농구 대표선수이고 아침 7시반이다. 다섯 번째는, 저녁 8시 담비와 읽는 유엔반이다. 담비는 영어도 잘하고 지도력도 뛰어나 여성 유엔사무총장이될 사람이라 여겨 내가 유엔반이라 지었다.

여섯째 반은, 남자 5학년 호준이만 읽는 저녁 9시반이다. 호준이는 의사 선생님이 책을 소리 내어 읽으라는 처방을 받아서 들어오게 되었다. 일곱 번째, 남자 5학년 주말 저녁반이다. 주중에 책 읽는 시간에 참석하지 못해 보충하는 반이다. 여덟 번째가 고등학교 남자 개인 오후 4시 30분 반이고, 아홉 번째 반은 2024년 6월에 새로 만들어진 초등 2학년인 친손녀 반이다.

손녀가 올해 2학년이 되었다. 며느리가 "어머니, 시간 되세요? 승아가 할머니랑 책 읽겠다고 계속 졸라대요." 좀 쉬고 싶었으나. 손녀가 졸라댄다니 나 몰라라 할 수만은 없었다. 시간을 조정해 보았다.

사임반은 미국으로 이민 간 아이와 서울에서 지방 도시로 이사 간 아이가 있어서 두 반에서 한 반으로 합쳤다. 또 4시 30분 고등학생도 미국으로 이민을 떠날 거라 시간을 낼 수 있었다. 그래서 며느리에게 "책은 혼자 읽으면 재미없으니 같이 읽을 친구가 있어야 한다"고 했다. 그 말을 들은 손녀가 자기 반 친구들에게 우리 할머니랑 책 읽자고 해, 여자 친구 1명, 남자 친구 2명을 모아 4명으로 팀을 만들었다. 그 반이 월요일 저녁 7시에 읽는 초이반이다.

각 반의 시간, 아이들의 특성과 성향, 읽는 책은 다 달랐다. 하지만 중심은 하나였다. 책을 소리 내어 읽고 생각을 정리하여 그 생각을 친구들 앞에서 내 입으로 말하고, 글로 써 보는 말하기와 글쓰기 연습을 하는 시간이다.

처음엔 모든 게 서툴렀다. 줌 사용법도 익숙하지 않았고, 아이들 앞에서 소리 내어 읽는 것도 나이를 먹어서인지 목소리가 어눌했다. 처음이란 그런 법이다. 두렵다고 해서 시작하지 않을 수는 없는 일이었다. 지금 아이들과 책장을 넘기며 이야기를 나눌 수 있는 것도, 매일 이 시간을 이어올 수 있었던 것도, 그 서툰 '처음'을 시작했기 때문이다. 만약 그때 첫걸음을 내딛지 않았다면, 아이들과 나눈 대화도, 그 속에서 자란 마음도 없었을 것이다.

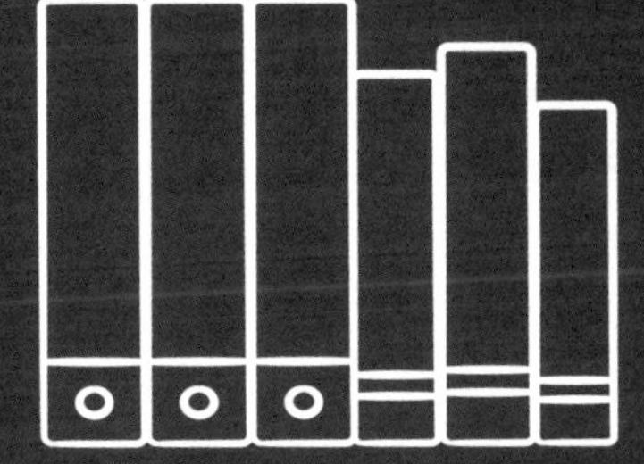

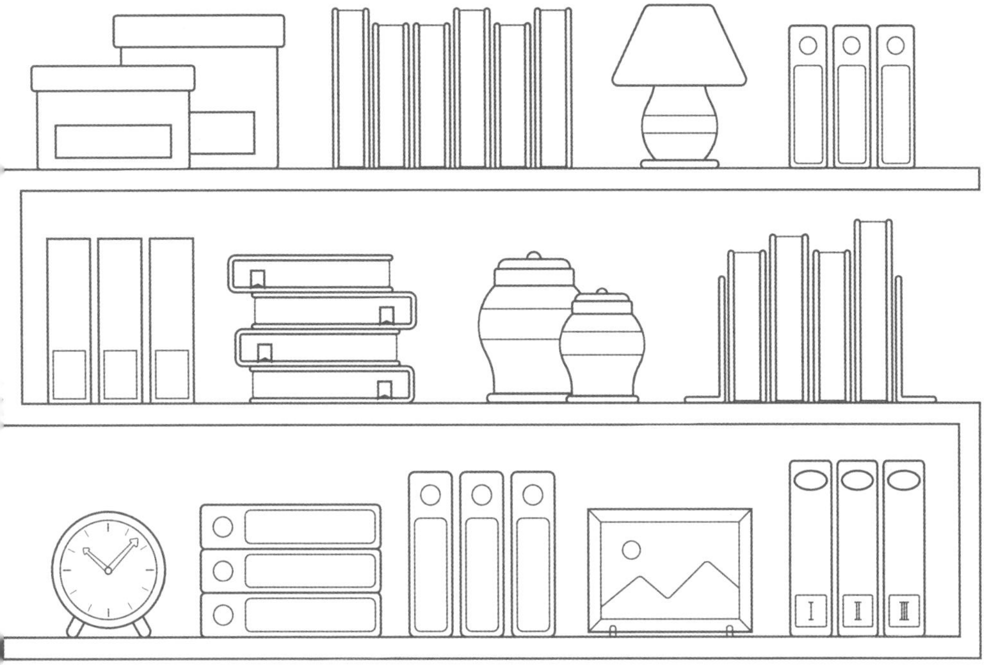

제 2장

사고력, 문해력, 상상력을 키워준 '책 읽어주는 햄미'

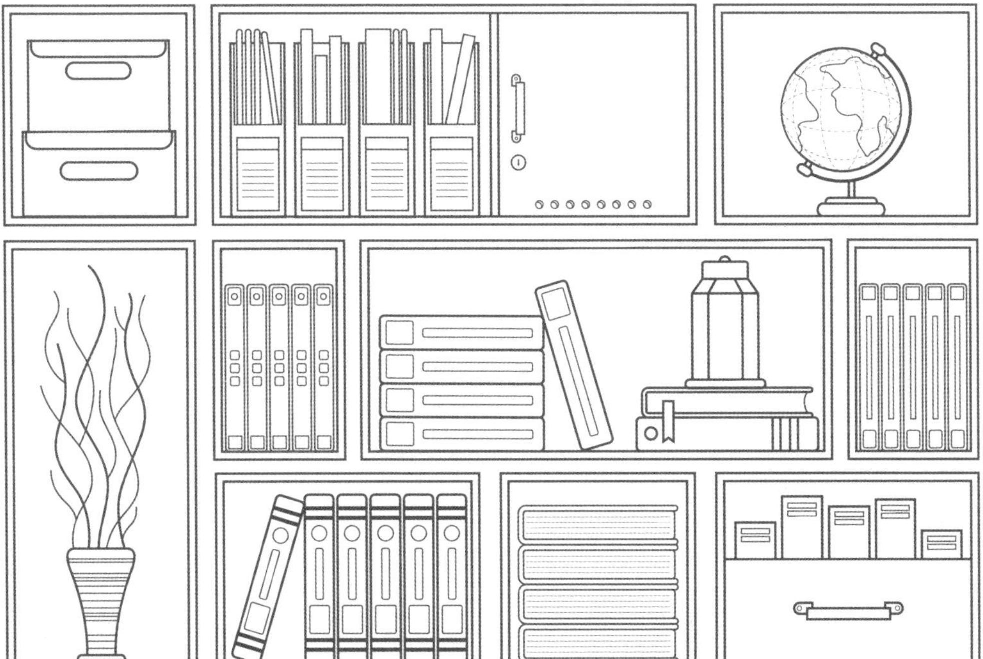

 '생각 놀이'로 키우는 사고력

책을 읽는 목적은 단지 내용을 기억하는 데 있지 않다. 아무리 많은 책을 읽었다 해도 얼마 지나면 잊기 마련이라 진짜 목적은 '생각하는 힘', 즉 사고력을 기르기 위함이다.

초등학교 3학년 아이들 저마다 성격도 다르고, 말투도, 호기심도 달랐다. 그들에게 책을 통해 하나의 생각만이 아니라, 다양한 성격과 여러 가지 생각이 있음을 알려주고 싶었다.

딸이 추천해준 책은 프랑스 아동문학가 막스 뒤코스의 《한밤의 왕국》이었다. 막스 뒤 코스는 프랑스 아동·청소년 문학상인

‘앵코룁티블상’을 두 번이나 수상했다. 앵코룁티블상은 15만 명의 아이들이 책을 읽고, 토론을 통해 가장 좋아하는 작품으로 선정한다고 한다. 그만큼 아동 청소년들의 마음을 움직이는 작품이라고 할 수 있다.

《한밤의 왕국》은 학교 최고 말썽꾸러기인 아쉴과 교장 선생님 아들이면서 내성적이고 모범생인 마시모가 주인공이다. 깜깜한 밤 학교에서 비밀 모험을 하는 내용을 담고 있다. 아쉴과 마시모는 성격이 전혀 다르다. 아쉴은 수업 시간에 장난치다 야단맞는 학생이다. 이와 달리 마시모는 쉬는 시간에도 공부만 하는 숫기 없는 아이다. 주변에 친구도 없다. 이런 아쉴과 마시모가 한밤중에 중세 시대 왕과 신하가 되었다. 이들은 아무도 없는 교실에서 전쟁놀이하다가 순찰하는 선생님에게 들킬 뻔한 위기를 맞는다. 그러나 서로 돕고 의지하며 고비를 이겨나간다. 성격과 행동이 다른 친구가 서로에게 힘이 되어주며 어려움을 헤쳐나가는 모습이 감동적이다.

이 책은, 아이들에게 친구란 무엇인지? 생각하게 했다. 책은 돌아가며 소리 내어 읽었다. 그리고 책을 덮은 후, 아쉴과 마시모는 어떤 친구인지 생각나는 대로 말해 보라고 했다.

아이들은 머뭇거렸다.

무슨 말을 해야 할지 낯설어했다.

그래서 책을 펼쳐 한 문장씩 읽어주며 물었다.

"이 장면에서, 아쉴은 어떤 아이로 보이니?"

"아쉴은 장난꾸러기예요."

"마시모는 착해요."

모두 단답형이었다.

다시 읽었던 페이지로 뒤돌아가 문장을 하나씩 짚어가며 질문했다. 말썽꾸러기, 개구쟁이, 골칫거리, 친구를 도와주는 아이 등등. 처음에는 두세 개뿐이던 단어가 여섯 개, 여덟 개, 열 개로 늘어났다.

"그럼, 이번에는 너희들이 찾아낸 말로 아쉴과 마시모의 이야기를 만들어봐"라고 했다. 아이들은 당황했다. 어떻게 해야 할지 모르는 표정이었다.

그때 마침 말보다는 그림으로 표현하는 람쥐 노트가 눈에 띄었다. 람쥐에게 그려 놓은 그림을 설명해 보라고 했다.

"얘가 아쉴인데, 장난꾸러기야. 근데 마시모가 넘어졌을 때

도와줬어.”

그 순간, 아이들이 아, 이렇게 하면 되겠다며 앞다투어 아쉴과 마시모에 대해 말했다.

처음으로 해 본 단어 찾기라 어려워했지만, 막상 발표할 때는 준비한 것보다 더 많은 이야기를 풀어냈다. 자신도 몰랐던 말을 찾아내고, 친구들 발표에 귀 기울이며, 또 다른 단어도 덧붙였다.

돌이는 단어 찾는 게 재미있다며 열 개 이상 찾았다. 돌이 발표 내용이다.

“아쉴이 개구쟁이고 말썽꾸러기인 줄 알았다. 마시모와 전쟁놀이하다가 학교 선생님이 나타나자 도망치다가 마시모가 넘어졌다. 그때 아쉴이 도와주어서 들키지 않았다. 곤경에 빠진 마시모를 구해준 아쉴은 착한 친구라 생각한다.”

이 과정을 통해 처음 떠오른 단어는 몇 개 안 되었지만 한 번 더 생각함으로써 훨씬 많은 단어를 찾아낼 수 있었다.

아이들의 사고는 생각할 기회만 주면 스스로 자라난다. 단어를 찾는 과정을 통해 사고력이 살아나고. 질문에 답하며 상상력과 표현력이 자라났다.

생각의 문은 열면 열수록 더 많은 생각이 나온다. 생각의 문을 닫아버리면 생각의 샘도 멈춰버린다.

'노를 젓지 않으면, 배가 가지 않는다'라는 말이 있다. 책 속의다양한 이야기를 읽고 생각을 끌어내는 노를 저어야만 생각이 깊어질 수 있다.

생각은 놀이처럼 즐거워야 한다. 생각이 질문이 되고, 질문은 다시 또 생각을 낳는다. 그렇게 쌓인 사고력은 아이의 삶을 지지하는 뿌리가 될 것이다.

 질문으로 문해력을 키우는 '기자 놀이'

2010년 서울에서 열린 G20 정상회의 폐막식. 오바마 미국 대통령이 기자회견 자리에서 말했다.

"한국 기자에게 질문 기회를 드리겠습니다."

하지만 아무도 손을 들지 않았다. 재차 권했지만, 침묵은 이어졌고, 결국 "한국 기자 대신 질문해도 되겠냐?"라며 중국 기자가 손을 들었다. 왜 아무도 손을 들지 않았을까? 용기가 부족해서일까? 아니면 질문 능력이 부족해서일까?

유대인 부모는 아이가 학교에서 돌아오면 "무엇을 배웠니?"

라는 말 대신 "어떤 질문을 했니?"라고 묻는다고 한다. 질문은 아이가 얼마나 깊이 생각했는지를 보여주기 때문이다. 아이들과 책을 읽으며 '질문하는 힘'을 키워주고 싶었다. 그렇게 시작한 것이 '기자 놀이'다.

기자 놀이는 책을 읽고 질문을 만들어 친구를 인터뷰하는 활동이다. 질문하기 위해선 책을 꼼꼼히 읽고, 내용을 파악해야 한다. 질문받는 아이 역시 답하기 위해 책 내용을 거의 외우다시피 집중해서 읽어야만 한다.

《엄마가 사랑하는 책벌레》를 읽고 기자 놀이를 했다. 기자가 된 아이는 메모지가 까맣게 될 정도로 질문을 적었다가 지우고, 또 다시 쓰기를 반복하며 인터뷰를 준비했다.

기자 "이 책 제목이 '엄마가 사랑하는 책벌레'인데, 왜 이렇게 지었을까?"

대답 "왜냐하면 엄마는 아이가 책 읽는 걸 좋아하잖아. 그래서 엄마가 사랑하는 책이라고 하기는 좀 그러니까 대신 '책벌레'라고 한 게 아닐까."

기자 "음~ 그렇구나."

대답 "그리고 민호가 독서 반장이잖아. 별명이 책벌레고. 그 래서 책벌레라고 했을 수도 있지."

기자 "음~ 그렇겠네."

기자 "만약 네가 제목을 짓는다면 뭐라고 할래?"

대답 "음… 엄마가 좋아하는 책벌레!"

기자 "그렇구나."

기자 "이 책 작가는 제목이 '엄마가 사랑하는 책벌레'인데 그 림은 왜 이렇게 그렸을까?"

대답 "그건 나도 모르겠어."

기자 "여기 책 속에서 강아지 이름이 왜 '꼬랑지'일까?"

대답 "음. 강아지 색깔이 약간 갈색이잖아. 갈색이 진흙 색깔 이거나 약간 더러운 색깔이잖아. 그래서 꼬랑지가 약간 더러운 색깔을 말하는 거니까 꼬랑지라 지은 것 같아."

기자 "책 속에서 강아지가 어때 보여?"

대답 "불쌍해 보여."

기자 "왜 불쌍해 보여?"

대답 "처음에는 민호가 기분이 안 좋아서 강아지를 발로 차서 아팠을 거 같고, 민호가 기분이 엄청나게 안 좋을 때 강아지를 침대에서 떨어뜨려서 아팠을 것 같아. 하지만 나중에는 민호가 기분 좋아져서 강아지를 발로 안 찰 거 같아.”

기자 “음. 그럴 수 있겠다.”

기자 “책 속에서 수정이는 무슨 책을 읽었지?”

대답 “수정이가 누구야?”

기자 “수정이는 민호 친구.”

대답 “수정이는 ‘비밀일기’를 읽었어.”

인터뷰를 보고 있으니, 재미가 났다. 뭔가 질문에 정확한 답이 아니라는 생각이 드는 데도 자기끼리는 통하는가 보다. 어른이라면 하지 않을 듯한 질문도 자연스럽게 했다.

아이들은 어른이 시키는 질문이 아니라 친구 질문에 대답했다. 책 내용을 정리하여 질문을 만들고, 그 질문을 말로 풀어내었다. 기자 놀이를 반복할수록 “왜?”라고 묻던 아이가 “만약 너라면 어떻게 했을까?”로 바뀌었고, “무엇을 읽었지?”에서 “그 책이 왜 중요했을까?”로 확장됐다. 지금은 작고 서툰 질문일지 몰라도, 아이들이 자라서 세상 앞에 섰을 때 오바마 대통령 앞에서 당당하게 손을 들지 않을까 싶다.

질문은 문해력을 키운다. 책을 읽고, 질문하고, 이야기를 나누면 생각이 자라고, 말이 자라고, 마음이 자란다. 결국 질문은 문해력의 핵심이다.

 # 리더로 자라는 연습, '호스트 놀이'

마마보이와 마마걸을 넘어서 '마마대학생'이 많다는 이야기를 들은 적이 있다. 마마보이나 마마걸은 어렸을 때 부모의 과잉보호로 본인이 스스로 해야 할 일을 못 하고 부모에게 의존하는 아이를 말한다.

그런데 요즘엔 아이만 그런 게 아니란다. 대학생 중에도 그런 사람이 있다고 한다. 어려서부터 엄마가 짠 시간표대로 학교와 학원으로 오가고, 대학에서 학과를 결정할 때도 엄마의 입김으로 정한 대학생을 일컫는다.

이런 이야기를 들으면 안타깝다. 그래서 나와 책을 읽는 아이들만큼은 자기 삶의 주도권을 가진 사람, 내가 결정 한 일에 책임질 줄 아는 사람이기를 바랐다. 그 마음으로 시작한 것이 '호스트 놀이'다.

책 읽기를 하면서 보통은 햄미인 내가 호스트였다. 호스트 놀이를 할 때는 아이가 책 읽기를 직접 이끌도록 하는 거다. 호스트가 된 아이는 책 읽는 순서도 정하고, 잘못 읽으면 다시 읽으라고도 한다. 토론도 하게 하고, 책을 읽다 어려운 낱말이 나오면 검색도 해보고 관련 동영상도 찾아보게 한다. 또 책 내용으로 퀴즈 풀기도 한다.

물론 아이들이라 장난을 치는 일도 있었다. 그러나 그마저도 책 읽기를 재미있게 해주곤 했다. 피터 레이놀즈가 쓴 《단어 수집가》라는 책으로 호스트 놀이를 했다. 《단어 수집가》는 우표 대신 낱말을 모으며, 말이 어떻게 이야기되고 생각을 키우는지 보여주는 책이다.

햄미 "오늘은 돌이가 호스트 하는 날이지 바로 시작해."

호스트 "내가 먼저 읽을게. 어떤 사람은 우표를 모으고, 어떤 사람은 동전을 모아. 또 어떤 사람은 돌멩이를 모으기도 해. 다음은 람쥐가 읽어."

람쥐 "어~ 알았어. 낱말을 모으니까 단어 수집가지. 이야기를 듣다가 왠지 관심이 가는 단어."(중간 생략)

호스트 "응. 잘 읽었어. 이제 토끼 읽어."

토끼 "지나가다가 눈길을 끄는 단어. 책을 읽다가 문장 속에서 톡 튀어나오는 단어."(중간 생략)

호스트 "잘 읽었어. 자 이제 랑이 읽어줘."(랑이가 음소거 된 상태에서 읽고 있음)

호스트 "랑이 음소거 풀고 읽어줄래."

랑이 "아! 알았어. 기분이 좋아지는 말. 소중한 단어. 노래 같은 단어."(중간 생략)

호스트 "잘 읽었어. 이제 내가 질문을 할게. 더 많은 낱말을 모으면 좋은 일은 무엇일까요? 대답해 볼 사람 아무도 없으면 무작위로 시키겠습니다. 어! 토끼 손들었네. 토끼, 토끼 말해보세요."

토끼 "어, 더 많은 낱말을 모으면 더 행복한 일, 더 기쁜 일과 더 슬픈 일에 대한 감정을 잘 표현할 수 있고, 아까 읽은 책처럼 시를 더 잘 쓸 수도 있어."

호스트 "와! 좋은 생각인데 토끼 아주 잘했어. 그리고 이번엔 이 그림 설명해 볼 사람? (람쥐가 손을 들었음) 오! 람쥐 말해 보세요."

람쥐 "단어들이 바람에 날리고 있어서 사람들이 그 단어들을 잡아보고 있고 단어들이 뭐라고 쓰여 있는지 살펴보고 있어."

호스트 "음~ 잘했어요! 이제 낱말을 수집해 볼게. 기분이 좋아지는 말, 소중한 단어, 간단해도 힘이 센 말, 눈길을 끄는 낱말, 지나가다가 문득 생각나는 낱말. 수집한 낱말로 이야기 만들어 보아요. 자 이제 종이나 노트를 들고 와."

친구들 (각자 노트나 태블릿을 준비함)

호스트 "이제 1번, 기분이 좋아지는 말이라고 써."

랑이 "돌이야. 뭐라고 쓰라고?"

호스트 "1번 기분이 좋아지는 말이라고 쓰고, 내가 들으면 기분 좋아지는 말을 쓰면 돼."

람쥐 "호스트, 낱말을 몇 개씩 쓰는 게 좋을까?"

호스트 "음. 두 개 이상씩 쓰면 좋겠어요."

호스트가 된 돌이는 수집한 단어로 이야기를 만들라고 했다.

그림으로 그린 친구에겐 그림을 설명해 보라고도 했다. 또한 책에 나온 내용보다 자기 의견을 나눌 수 있는 분위기도 만들었다. 마지막으로 이렇게 제안도 했다.

"책 제목이 '단어 수집가'니까, 우리도 우리가 수집하는 걸 이야기해 보자."

아이들은 각자 포켓몬 카드, 옛날 동전, 좋아하는 문구류 등 자신이 모으는 것을 이야기했다.

호스트 놀이를 통해 책 읽기의 방향을 제시하고 친구와 생각을 나누며 리더로 자라는 법을 배우고 있다.

아이에게 빠른 길을 제시하기보다는 그 길을 스스로 찾을 기회를 주어야 한다. 호스트 놀이는 그 시작점이고 이 놀이를 통해 리더로 자랄 것이다. 또한 호스트 놀이는 자기 삶의 방향키를 쥐는 법을 알아가기도 한다.

# 상상력을 키우는 '작가 놀이'

상상하고 그 생각을 글로 쓰는 건 창의력이다. 창의력은 어느 분야에서든 인정받는다.

책 읽는 과정을 '책 읽어주는 헬미' 블로그에 올렸다. 전혀 모르는 사람들이 댓글을 달아주며 공감하고 응원해 주었다. 글에는, 사람의 마음을 움직이는 힘이 있었다. 우리 아이들에게도 그 힘을 길러주고 싶었다. 그래서 시도한 게 '작가 놀이'다.

책은 강경수 작가가 쓴《꽃을 선물할 게》다.

어느 날 아침, 거미줄에 무당벌레가 걸렸다. 마침, 그 앞을 곰이 지나갔다. 무당벌레는 자신을 구해달라고 부탁한다. 곰은 거미도 먹을 것이 있어야 한다는 자연법칙을 내세우며 거절한다. 그러다 세 번째 다시 만난 곰에게 곰이 좋아하는 꽃에 진딧물을 없애주겠다는 제안을 하고 구조를 받는다.

이 책은 곰과 무당벌레, 그리고 거미. 누구의 시선으로 읽느냐에 따라 전혀 다른 이야기가 된다. 그림 색감도 선명하고 대화도 재치 있어, 상상력 자극에 제격이다. 책을 읽고, 줄거리를 요약했다. 아이마다 조금씩 다르기는 했지만, 책 내용을 대체로 이해했다. 아이들에게 말했다.

"얘들아, 지금까지는 강경수 작가가 쓴 책을 읽었잖아. 이제는 너희가 작가가 되어 글을 써보는 거야. 곰이 말하는 내용이나 무당벌레가 얘기하는 거를 바꿔도 보고, 책 내용을 완전 다르게 써도 좋아. 내가 작가가 되었다고 생각하고 마음대로 이야기를 만들어봐." 람쥐가 먼저 썼다.

제목 꽃을 피워라

글/그림 람쥐

꽃은 싹이 안 나오고 계속 안 나온다.

그래도 씨는 기분이 좋았다.

눈은 반짝거렸다. 귀여운 씨였다.

그런데 친구들은 다 꽃이 됐다.

그래서 씨는 이번에는 슬펐다.

씨는 혼자서 땅에 있는 거였기 때문이다. 흑흑!

그래서 씨는 힘을 다해서 끙끙거렸다.

그러자 조금씩 조금씩 싹이 나왔다.

싹은 싹이라고 볼 수 없고 꽃이라고 불러야 한다.

그래서 꽃은 친구들이랑 잘살게 되었다.

람쥐 이야기는 단순하지만, 감성적인 단편 드라마 같다. 특히 씨앗이 끝까지 포기하지 않고 힘을 다해 끙끙거리는 모습은 람쥐다운 발상이다. '끙끙거리며 피워낸 꽃'이라는 표현은 노력과 희망을 담아내고 있다.

제목 꽃을 선물할게

글/그림 돌이

평화로운 숲에 곰이 돌아다니고 있었어요.

그런데 거미줄에 걸려있는 무당벌레가 도움을 청했어요.

너무나도 착한 곰은 무당벌레를 구해주었어요.

무당벌레는 곰에게 반해서 말했어요.

"우리 사귈래?"

그 말에 충격받은 곰은 당당히 거절했어요.

그런데 곰은 너무나도 착해서 무당벌레가 불쌍했어요.

그래서 같이 여행을 다니자고 했어요.

그러나 무당벌레는 '감정회사'에서 일해야 해서

곰은 무당벌레를 쫓아다니면서 진딧물 잡는 것을 도와주었고

그 이후로 이 세상에 예쁜 꽃들이 많아졌답니다.

이 글은 돌이가 쓰고 발표한 거다. 읽을 때 웃음이 났다. 본래 책에서는 무당벌레가 곰에게 세 번이나 도움을 청했지만 모두 거절했다. 그런데 돌이가 쓴 글에는 곰이 너무나도 착해 바로

구해주는 거로 썼다.

돌이 글은 상상력으로 가득했다. 무당벌레가 곰에게 말한 "우리 사귈래?"라는 말과 '감정회사'라는 설정은 어른인 나와는 차원이 다르다. 몸집이 작은 무당벌레와 곰이 사귈 수 있고 사랑할 수도 있다는 건 아이만이 생각할 수 있다.

수업을 마치며 말했다.

"얘들아, 너희는 진짜 작가야!"

아이들은 웃었다. 작가라고 하니 어색하기도 했고 아마 작가가 되고 싶은 마음도 있어 그런가 보다. 이렇게 아이들은 작가가 되었고, 나는 독자가 되었다.

로버트 슐러는 "상상력은 현실의 미래이다"라고 했다. 아이들이 지금 써 내려간 짧은 이야기 한 줄이 나중에는 무언가가 되어 나타날 거다. 누군가는 작은 씨앗 이야기를 영화로 만들고, 누군가는 '감정회사'를 실제로 만들지도 모른다. 중요한 건, 아이들의 상상에 자신감을 갖게 해주는 거다. 그게 핼미의 마음이다.

‘아이의 상상력에 날개를 달아주는 작가 놀이. '작가 놀이'는 글쓰기만은 아니다. 아이의 상상력에 날개를 달아주는 시간이다. 오늘도 햄미의 이름으로, 상상할 자유와 쓰는 기쁨을 선물하고 있다.

 ## 말하는 힘을 키우는 작은 약속,
'문장부호 지키며 읽기'

헬렌 켈러는 보지도 못했고, 듣지도 못했다. 그녀는 물이 담긴 '컵'과 '물' 자체의 개념을 구분하지 못한다. 물건 이름을 배운 적이 없기 때문이다. 그러나 설리번 선생님을 만나 펌프의 차가운 물줄기가 '물'이라는 걸 알게 됐다. 헬렌은 그때 비로소 "자유를 찾았다"라고 말했다.

사람은 자기 감정을 말로 표현할 수 있을 때 비로소 자신이 소중한 존재라는 걸 느끼게 된다. 헬렌도 처음에는 신경질만 부리고 다른 사람이랑 어울리지 못했지만, 설리번 선생님 덕분에 말을 배우고 자기 생각을 표현할 수 있게 되었다.

이처럼 언어로 자신을 표현하는 건 중요하다. 나 또한 책 읽기를 하면서 아이들에게 자기 생각과 감정을 잘 표현하도록 해주고 싶었다. 그 방법이 문장부호를 지키며 읽는 거다.

책을 읽을 때 쉼표는 숨을 쉬고 쉬어가는 자리이고, 마침표는 그 문장이 끝났다고 알리는 거다. 물음표가 나오면 끝을 살짝 올려 궁금함을 표현하고, 느낌표가 나오면 감정을 담아야 한다. 그리고 큰따옴표 속 문장은 실제 누군가가 말하는 것처럼 읽어야 한다고 했다.

이렇게 문장부호의 의미를 알려주고. 책을 읽을 때는 문장부호 의미와 느낌을 살리면서 낭독하게 했다. 낭독을 지속해서 하면 발음이 정확해지고 목소리도 잘 다듬어져 명료하게 들린다. 아이들이 읽은 책은 콜린 톰슨의 《영원히 사는 법》이다.

람쥐 "피터는 바로 그 없어진 책에 대해 알고 있는 유일한 사람이었습니다."(중간 생략)

햄미 "잘 읽었어!"

람쥐 "어느 날 밤, 피터는"

햄미 "자, 봐봐! 람쥐야, 여기에 뭐가 있어?"

람쥐 "쉼표요."

햄미 "그렇지, 쉼표가 있지, 쉼표가 있으면 노래 부를 때도 쉬었다가 노래하지. 글을 읽을 때도 마찬가지야. 쉼표가 있으면 살짝 쉬어주고 읽어. 숨 한 번 쉬고."

람쥐 "네. 어느 날 밤,"(쉼)

햄미 "그렇지!"

람쥐 "피터는 서류함 아래로 들어가는 브라이언을 따라가다가 없어진 기록 카드를 발견했지요."

햄미 "그렇지! 여기에는 마침표가 있지. 이게 마침표지. 마침표가 있으면 이 문장은 끝난 거야. 그래서 멈추었다가 다음 글을 읽는 게 좋겠지. 쉼표에서는 한 호흡 정도 쉬어주고, 마침표에서는 두 호흡 정도 멈췄다가 읽어. 그러면 상대방에게 잘 들리게 돼. 쉬지 않고 줄줄 끊지 않고 읽으면 무슨 소리인지 알아들을 수가 없거든."

아이들은 초등학교 저학년이라 모든 부호를 완벽하게 지키지는 못했다. 하지만, 그곳에 있는 부호의 의미를 알고 적용하려 했다.

문장부호를 지키고 읽으면 문장 맥락을 파악할 수 있다. 또한 문장의 의미를 제대로 표현할 수 있어서 듣는 사람도 쉽게 알아듣는다. 이렇게 연습하다 보면 나중에 사회자가 되어 모임을 이끌거나, 자신이 발표자가 되더라도 설득력 있게 말할 수 있을 거다.

문장부호의 중요성을 알려주면서 나도 문장부호에 대해 더 알고 싶었다. 이은대 작가의《작가의 인생 공부》책을 읽었다.

이 책에서도 쉼표는 말 그대로 쉬어가라는 의미이다. 쉼표를 찍지 않으면 읽을 때 숨이 턱에 찬다. 읽는 사람도 듣는 사람도 편치 않다. 문장에서 제 위치에 쉼표를 찍어주어야 그 문장이 온전한 글이 된다고 했다.

생각해 보면, 내 삶도 쉼표와 마침표가 필요했다. 아침저녁으로 아이들과 책을 읽었다. 낮에는 노인대학, 경로당에서 노래를 가르치고, 조경회사 일과 살림까지 하고 있다. 어느 순간 숨이 턱에 찰 때가 있다. 그럴 때 쉼표를 찍는다. '지금은 멈추는 시간.'

그리고 일이 하나 끝나면 마침표를 찍으며 말한다. "이건 잘 마무리했어." 글에서든 삶에서든, 쉼표 없이 달리면 지친다. 마침표 없이 살면 끝없는 일에 휘둘린다. 아이들이 문장부호를 지키며 읽듯, 나의 삶도 쉼표와 마침표를 찍으며 살아야 한다는 걸 배우고 있다.

헬렌 켈러가 설리번 선생님을 통해 말하는 법을 배우고 자존감을 회복했듯, 우리 아이들도 문장을 읽고, 말을 나누며 자신이 얼마나 소중한 존재인지 깨달아가길 바란다. 오늘도 아이는 책을 읽다 문장 중간에서 쉼표를 보고 멈춘다. 그리고 나를 쳐다보며 웃는다.

"쉼표에서는 잠깐 쉬는 거잖아요, 할머니"

"그렇지! 잘했어."

나는 속으로 되뇐다. 이 아이가 자기 삶에서도 쉼표와 마침표를 잘 찍을 수 있기를.

말이 흐릿하게 들리는 건 재능이 없어서가 아니다. 문장부호를 놓치고 읽었기 때문이다. 쉼표와 마침표만 제자리에 찍어도 전달력이 좋아진다. 말하기 실력은 거창한 기술이 아니다. 문장부호를 지키며 읽는 거부터가 시작이다.

제 3장   책에서 시작해 삶의 현장 속으로

청와대로 간 아이들

대통령 집무실이 용산으로 이전되면서 청와대를 국민의 품으로 돌려준다는 뉴스를 들었다. 청와대 관람은 서울뿐만 아니라 지방에서도 인기를 끌었다.

　5학년 담비가 4학년 반에 파워포인트를 가르쳐주러 왔다. 담비는 주말에 청와대를 다녀왔다는 이야기를 동생들에게 했다. 아이들은 부러워하며 "할머니, 우리도 가자!"고 아우성을 쳤다. 그 말에 청와대를 구경만 하러 가는 건 아무 의미가 없다는 생각이 들었다. 청와대와 관련된 정보를 미리 알고 가면 좋으니 책을 읽고 가자고 했다.

아이들은 어찌 됐든 청와대에 갈 수 있다는 것만으로도 신이 났다. 수업이 끝난 후 엄마들에게 연락해 날짜부터 정했다. 다행히 학교를 빠지지 않고 갈 수 있는 일요일 오후 3시로 맞춰졌다. 분당에 사는 아지까지 8명으로 예약했다.

일정을 맞췄으니 책을 알아볼 차례다. 4학년은 6시 반과 7시 반 두 반이다. 두 권의 책을 선정해야 했다. 청와대가 어떤 곳인지?, 대통령은 무슨 일을 하는지 검색으로 알아본 후 청와대 출입 기자였던 백승렬 기자가 쓴 《청와대》와 박병호 프로듀서가 쓴 《대통령 어디까지 아니?》로 정했다.

이 중 《대통령 어디까지 아니?》는 우리 아이들과 같은 4학년 마음이가 대통령에게 초대되어 대통령의 일상을 체험한다는 이야기이다. 아이 눈높이에 맞게 청와대 이야기와 대통령의 활동이 쉽게 쓰여 있었다.

《청와대》 책은 청와대에 깊이 있는 정보가 담겨 있었다. 4학년 아이가 읽기에는 다소 어려웠다. 기자처럼 취재하는 식으로 읽게 하고 취재한 내용으로 퀴즈 놀이를 했다. 그래도 이해 안 되는 부분이 있는지 "프레스센터는 뭐하는 데에요?" "춘추관이 뭐예요?" 몇 번이나 물었다. "얘들아, 이 책이 어렵긴 어렵네. 일단 그냥 읽어봐! 청와대 가서 실제로 보면 이해가 될 거야." 하고 말했다.

드디어 청와대 가는 날이다. 아침부터 불볕더위가 예상되니 야외활동을 삼가라는 폭염주의보가 떴다. "엄마, 오늘 안 가는 게 좋겠어요. 36도가 넘는데요." 딸이 걱정되어 전화를 했다. 큰일이다. 지금 와서 못 간다고 하면 아이들의 실망이 이만저만이 아닐 텐데 어떻게 해야 할까? 출발해야 할 시간이 다가왔다.

딸에게 전화를 했다. "어미야, 날씨가 더워서 못 간다고 하면 아이들이 맥 풀릴 거야. 청와대를 못 가면 다른 데라도 데려가야 하니 무리가 되더라도 가야겠다." 전화를 끊고 채비하고 나섰다.

12시 10분, 약속 장소인 람쥐네 주차장에 아이와 엄마들이 모였다. 애들 엄마들은 "할머니, 어떡해요? 아이도 아이지만 할머니가 더 걱정돼요." 내 걱정은 하지 말라고 했다. 이 정도는 아직 괜찮다고. 그때 9인승 밴이 우리 앞에 멈췄다. 랑이 엄마였다.

원래 우리는 압구정역에서 지하철을 타고 안국역에서 내려

청와대까지 걸어갈 예정이었다. 사전 약속도 하지 않았는데 태워다주겠다니 얼마나 감사한 일인가. 만일 이 더운 날에 지하철을 타고 걸어서 갔더라면 중도에 포기하지 않았을까 싶다. 랑이 엄마는 차 안에 에어컨도 빵빵하게 틀어놓아 아이들은 장난치고 떠들면서 목적지까지 갈 수 있었다.

첫 관문인 춘추관에 도착했다. 아이들은 책에서 사진으로만 본 춘추관 앞에서자 "와! 춘추관이다!"라며 환호성을 질렀다. 춘추관은 청와대의 프레스센터 역할을 하는 곳이다. 사전에 책을 읽고 온 것이 얼마나 잘한 일인지 아이들의 반응을 보고 알았다. 만일 그냥 와서 건물만 봤더라면 저렇게 반가워하지는 않았을 거다.

우리는 춘추관에 사람이 많아 외관만 보고 대통령 관저로 올라갔다. 관저로 가는 길에 나무들이 우거져 있고 형형색색 꽃이 피어있었다. 아이들은 어려도 여자인가 보다. 꽃이 피어있는 데서 사진 찍느라 웃고 떠들었다. 나도 이 길이 좋았다. 간간이 그늘도 있고 청기와의 예스러운 건물과 녹음이 어우러져 마음이 여유로워졌다.

관저에 들어왔다. 대통령이 사는 집이라고 하면 세상에서 제일 화려하고 비싼 물건이 있을 줄 알았다. 그런데 이게 웬일. 내 예상은 완전히 빗나갔다. 그냥 여염집과 다를 바 없는 침실이며, 하물며 관저 뒤뜰에 장독대까지도 일반인 집과 별다를 게 없었다. 아이들과 사진 몇 장 찍고 관저를 나왔다.

햇볕에 걸어 다녀 아이들 얼굴이 새빨개졌다. 돌이 등에서는 땀이 흥건하게 흘러나와 옷을 짜야 할 정도다. 아이들이 더위에 고생하는 것을 보니 마음이 급해졌다. "얘들아, 200미터만 내려가면 영빈관이야. 건물 안으로 들어가면 시원할 거니까 조금만 참자." 하고 달랬다.

앞서가던 랑이 엄마가 멈춰 섰다. "할머니, 저기 좀 보세요." 랑이 엄마가 가리키는 곳을 봤다. 이게 무슨 일인가? 영빈관으로 들어가려는 관람객이 수백 미터나 줄 서 있었다. 영빈관에 들어가려면 두 시간은 땡볕에 서 있어야 할 지경이다. 영빈관 안에 수용하는 인원이 있는데 그 인원이 나오는 만큼 들어가는가 보다. 먼저 들어간 사람이 나와야 다음 사람이 들어갈 텐데, 밖이 더우니 나오지 않아 줄이 줄어들지 않는다고 안내원이 알려주었다.

영빈관 내부는 동영상으로 보기로 하고 휴게소로 갔다. 휴게소도 사람이 많아 시원하지도 않고 자리도 적어 우리 일행은 이쪽저쪽 테이블에 흩어져 앉아야 했다. 한참을 기다린 후에 한곳으로 자리를 잡고 아이스크림과 음료수로 데워진 몸을 식혔다.

청와대를 다녀온 후, 청와대 다녀온 소감을 글로 썼다. 책만 읽고 현장을 답사하지 않으면 공허한 지식이 될 뿐이다. '청와대'라는 주제로 어려운 책도 읽고 무더위에 고생은 했지만, 고생을 고생으로만 기억되지는 않을 거다. 이번 청와대 견학은 내가 더 늦기 전에 아이들과 실제 현장에서 보고 느끼며 살아 있는 학습을 할 수 있어서 감사하다.

 # 독수리 되기 훈련

어느 블로그에서 '인디언 소년' 이야기를 읽은 적이 있다. 소년이 절벽 위에서 독수리알을 발견하고는 집으로 가져와 닭장에 두었다. 어미 닭이 그 알을 품어 독수리가 태어났다. 시간이 흘러 독수리는 아주 멋진 날개를 가진 훌륭한 독수리로 자랐다. 그러나 독수리는 닭들과 함께 살았기에 자신이 독수리인지 모른 채 살았다. 진짜 독수리처럼 창공을 높이 날아오르는 시도도 하지 않고 닭처럼 살다가 죽었다는 이야기다.

이 이야기를 읽으며 나를 포함한 손주들이 닭처럼 사는 독수리가 아닌지 생각해 보았다.

그럼 실제 독수리는 새끼를 어떻게 키울까?

어미 독수리는 새끼를 보호하기 위해 다른 동물이 접근하지 못하도록 벼랑 위에 둥지를 짓는다고 한다. 이때 둥지를 그냥 나무가 아닌 가시나무로 만들고, 동물의 가죽을 바닥에 깔아준다. 새끼가 어느 정도 자라면 바닥에 있던 가죽을 치워버리는데 이때 새끼는 바닥의 가시가 따가워 둥지 끝에 올라선다. 견디지 못하면 떨어진다. 떨어지는 새끼는 살아남기 위해 최선을 다해 날갯짓하며 퍼덕인다. 어미 독수리는 위에서 이 모습을 보고 있다가 새끼 독수리가 바닥에 닿기 직전에 새끼를 자신의 날개에 태운다. 그리고 다시 가시 둥지에 넣는다. 이 과정을 반복하면 새끼는 결국 자신의 날개로 창공을 날 수 있게 된다고 한다.

중학생 손주와 유럽 여행을 다녀오면서 느낀 점이 있었다. 유럽에 가면 언어 때문에 힘들 거라고 생각했다. 그런데 언어가 아니라 대중교통 타는 법을 몰라 하지 않아도 될 고생을 했다. 아이들은 평상시 자가용으로만 이동하다 보니 전철이나 기차 탑승권을 끊을 줄 몰랐다. 아이들에게는 대중교통을 이용하는 훈련이 필요했다. 그렇지 않으면 닭장 속 독수리 꼴이 될 것 같아서다.

《이원수 선생님이 들려주는 김구》 책을 읽었다. 독후 활동으로 서울시 용산구에 있는 '백범김구기념관' 방문을 계획했다. 2022년 10월 29일 토요일 오후 2시, 백범기념관에서 전시된 작품을 해설해주는 프로그램이 있었다. 이번 현장학습은 역사 공부하면서 대중교통 이용 방법을 익히기 위함이다.

역사 체험을 하러 갈 때 자가용이 아닌 지하철을 택했다. 아이들 다섯 명을 두 팀으로 나누었다. 두 사람이 한 팀이 된 '촬영팀'에게는 출발에서 도착까지 모든 과정을 동영상이나 사진으로 기록하는 역할을 맡겼다. 세 사람으로 구성된 팀은 '가이드팀'이다. 지하철을 이용하여 백범기념관까지 길 안내하는 책임을 주었다. 가이드팀에게는 백범기념관 사이트에서 길 안내를 미리 알아보라고 했다.

약속한 날이 되자 우리는 압구정역 지하철 노선표 앞에 모였다. 현재 내가 있는 위치가 몇 호선 무슨 역인지 파악하라고 했다. 그다음 어느 역에서 내려 몇 호선으로 갈아타야 하는지 직접 찾아보라고 했다. 아이들은 지하철 노선표를 열심히 보더니 바로 가는 길이 아니라 반대 방향으로 가는 길을 찾아 설명했다. 이를 지켜보던 돼지 아빠가 걱정되어 그쪽으로 가는 건 반대로 돌아가는 거라고 알려주었다. 노선표 보는 방법을 손가락으로 짚어가면서 설명했다. 이런 과정을 촬영팀은 잘 녹화하고 있었다.

표를 살 차례였다. 다섯 명 중 두 명은 교통카드를 가지고 왔다. 세 명은 표를 끊어야 했다. 돈을 넣고 도착지를 입력한 후 몇 장 사는지 숫자를 누르고 세 장의 표를 샀다. 이제 표도 샀으니 지하철을 타러 가야 했다. 아이들은 뭐가 그리 좋은지 자기들끼리 떠들며 줄 서는 것도 잊은 채 계단을 우르르 뛰어 내려갔다. 촬영팀은 사진 찍는 것도 잊었나 보다. 안 되겠다 싶어 소리를 질렀다.

"얘들아, 걸을 때는 오른쪽으로 걷고 줄을 서야지. 그리고 계단에서 뛰면 다치니까 뛰지 말고!"

에스컬레이터에서 뛰어다니다 다칠까 걱정되었다. 이때 돼지 아빠가 '칙칙폭폭' 기차놀이 하자며 재치 있게 한 줄로 세웠다. 지하철에 탔다. 일행 중 한 명이 임산부 자리에 앉았다. 이 자리는 임신한 엄마들이 앉는 자리라 비워두어야 한다고 일렀다. 그랬더니 이번에는 경로석에 가서 앉는다. 다시 설명을 해줬다.

"여기는 너희들이 앉는 자리가 아니라 연세 많으신 어르신이나 몸이 불편하신 분들이 앉는 자리야."

3호선 압구정역에서 출발해 약수역에 도착했다. 이제 6호선으로 갈아타고 효창공원역에서 내려야 했다. 그런데 약수역에서 내린 가이드팀이 정반대 방향으로 앞서 뛰었다.

"어! 쟤네 저쪽으로 가는 거 아닌데, 저거 말려야 되는 거 아니에요."

돼지 아빠가 급하게 아이들 뒤를 쫓았다.

"아버님, 그냥 내버려두자고요. 어차피 자기네한테 맡겼으니 잘못 가면 다시 찾아오면 되지요."

우리는 뒤에 따라가며 다치지 않나, 그것만 살피자고 했다. 이번 역사 체험은 스스로 길을 찾아가는 게 목적이니까요. 아이 아버지가 말했다.

"아, 그러네요. 본인들이 잘못 가서 몇 번 헤매고 나면 이게 반대편인지 감각도 익힐 수 있겠네요."

부지런히 서둘러 왔더니 1시간이나 일찍 도착했다. 예약 접

수증을 제시하고 수신기와 교육자료가 든 가방을 받았다. 관람객이 붐비지 않는 시간에 와서인지 수신기와 명찰도 아이 한 명씩 달아주었다. 수신기 장치로 귀가 아픈지 일일이 점검도 해주었다. 해설을 시작하려면 좀 더 기다려야 했다. 전시관에는 가져가도 되는 작은 소품이 준비되어 있었는데 아이들은 고른 것을 챙기며 좋아했다.

김구 선생님 모습을 본떠 동상을 만들어 놓은 곳이 있었다. 스위치를 누르면 김구 할아버지와 대화도 할 수 있었다. 아이들은 신기하니까 두서도 없이 이말 저말 물어보았다. 지켜보던 내가 말했다.

"얘들아, 김구 할아버지 책 읽어봤잖아. 책 읽으면서 궁금했던 거 여쭤봐."

아이들이 물었다.

"중국에서 독립운동을 하실 때 무섭지 않았나요?",

"사형 선고받았을 때 무섭지 않았나요?"

김구 할아버지 마네킹이 대답해 주었다. 책을 안 읽고 갔으면 무엇을 질문해야 할지 몰랐을 텐데 책을 읽고 갔으니 책에서 읽었던 내용을 물었다. 김구 할아버지 모형이 질문에 딱 맞아

떨어지는 대답은 아니었어도 아이들은 김구 할아버지와 대화했다는 게 즐거운가 보다.

해설 듣는 시간에는 자기들끼리 똘똘 뭉쳤다. 해설사 선생님의 눈을 뚫어지게 바라보았다. 해설 시간이 한 시간이라 완전 몰입하기가 쉽지 않았을 텐데 장소를 옮길 때마다 앞자리를 한 번도 놓치지 않았다. 누구 하나 딴짓 하지 않았다. 아마 개인적으로 갔으면 이렇게까지 집중해 듣지 못했을 거다. 해설은 김구 할아버지 묘소 참배로 끝이 났다.

백범기념관으로 가기 위해 3호선 약수역에서 6호선으로 갈아탔다. 아이들이 반대 방향으로 가는 전철을 타려고 했다. 반대 방향 전철을 타서 잘못 탔다는 걸 스스로 알게 해야 했는데, 그랬어야 '독수리 되기 훈련'을 호되게 할 수 있었지 싶다. 돌아와 생각하니 그리 못한 것이 아쉬움으로 남는다.

골든벨에 도전하다

"얘들아, 어떤 책 먼저 읽을까?"

"《바나나가 정말 없어진다고?》요!"

"왜 《바나나가 정말 없어진다고?》야?"

"책 표지를 보니까 재미있을 것 같고 바나나가 왜 없어지는지 궁금해서요."

사임반 아이들이 다니는 학교에서 '독서 골든벨 대회'가 열린다고 했다. 이왕 책을 읽는데 골든벨에 출제되는 책을 읽자는 의견이 나왔다. 나도 좋다고 했다. 선의의 경쟁을 펼치며 독서에 집중할 수 있겠다는 생각에서다.

4학년에 선정된 책은《바나나가 정말 없어진다고?》,《이원수 선생님이 들려주는 김구》,《만년 셔츠》,《마법사 똥 맨》이었다.

아이들이 먼저 읽겠다고 한 책은《바나나가 정말 없어진다고?》였다. 이 책은 환경문제로 바나나가 없어지게 될 위기를 다루는 책이다. 자연, 환경, 역사, 경제 등 다양한 분야에서 자연과 환경의 변화 때문에 바나나가 사라질 수밖에 없는 이유를 알려주며, 바나나 산업이 경제에 미치는 영향과 국제 정치까지도 다루고 있다.

표지와 제목만 보고 재미있을 거라 짐작하고 고른 책은 첫 장부터 단어에 발목을 잡혔다. 지구, 인류, 야생동물, 야생식물, 채집, 가축, 농작물, 재배, 수렵, 농사 등등 반 페이지도 안 되는 다섯 줄에 무려 열 개나 되는 어려운 단어가 나왔다.

어학사전을 검색했다. 아이들은 사전에 설명된 내용을 더 어려워했다. 도대체 무슨 말인지 이해가 안 간다고 했다. 평소에 접해보지 않았던 단어라 그런가 보다. 단어 하나하나를 햄미 수준에서 예시를 들어가며 설명했다.

"얘들아! 너희가 야외에서 다람쥐를 보았지. 근데 그건 사람이 기른 게 아니야. 자연에서 태어나 스스로 자라난 거야. 그걸 야생동물이라고 해. 야생식물도 마찬가지야. 차를 타고 지나다 보면 길거리에 난 풀이나 나무들을 보았을 거야. 그것도 사람이 기른 게 아니고 자연에서 저절로 나 자란 거잖아. 이런 식물들을 야생식물이라고 해.”

단어의 뜻을 일일이 설명하다 보니 한 시간에 한 페이지도 못 읽었다.

두 번째 시간이다. 신석기 시대, 서아시아, 유럽, 북아프리카, 작물, 밀, 보리, 콩, 열대과일, 인류의 생활, 변화, 식량, 생산 증가, 문명, 발전. 다섯 줄에 무려 열 개가 넘는 어려운 단어가 나왔다. 서아시아, 유럽, 북아프리카 등 지역적인 건 세계지도에서 설명했다. 작물인 밀, 보리, 콩은 논에서 벼 자라는 것도 못 보고 자란 세대라 어학사전이 아닌 이미지로 검색해 실제 사진을 보여주었다. 그제야 ‘아!’ 하며 이해가 됐다는 신호를 보냈다.

페이지가 넘어갈수록 전문적인 용어들이 쏟아져 나왔다. 외떡잎식물, 생강목, 파초, 열량, 탄수화물, 콜레스테롤, 그밖에 경제 용어, 상업 용어. 어른인 나도 설명하기 힘든 용어들이었다. 해결 방법을 찾아야만 했다.

한글에서 다섯 칸으로 된 양식으로 단어가 들어갈 표를 만들었다. 첫 칸에는 숫자, 두 번째 칸은 페이지, 세 번째는 단어, 네 번째는 단어 설명, 다섯 번째 칸은 이미지가 들어가도록 했다. 이 책에서만 189개의 단어가 나왔다.

어학사전에서 단어의 뜻을 찾을 때도 최대한 쉽게 풀이된 내용을 찾아 옮겨 적었다. 이미지를 찾을 때는 단어와 딱 맞아떨어지는 사진을 찾기가 쉽지 않았다. 네이버 이미지에서 찾아도 없으면 구글과 위키백과에서 찾았다. 이렇게 몇 날 며칠 고생한 끝에 아이들이 알아볼 수 있는 제법 괜찮은 단어집이 되었다.

그러고 나서 호스트를 아이들에게 넘겨주었다. 호스트가 된 아이는 오늘 읽을 페이지의 단어들을 한 사람씩 읽으라고 했다. 호스트가 되어 수업을 직접 해보니 좋은가 보다. 햄미인 나보다 더 재미있게 단어 퀴즈도 내면서 주도적으로 학습을 이끌었다.

첫 번째 책을 읽고 다음은 《이원수 선생님이 들려주는 김구》 책을 읽었다. 김구 선생님은 어린 시절에는 개구쟁이였다. 성장해가면서 조국의 독립을 위해 헌신하는 독립운동가가 되었다. 김구 선생님 책을 읽으면서는 모의 골든벨 대회를 열었다. 골든벨에 나올 만한 문제를 아이에게 직접 뽑으라고 했다. 한 아이 당 5문제, 4명이니까 하루에 20문제를 풀 수 있었다.

아이들은 문제를 뽑아야 하니 책을 집중해서 읽었고, 문제를 만들려니 읽은 내용을 요약해야 했다. 그러면서 쓰기 훈련도 되었다. 모의 골든벨 진행도 재미있게 이끌었다. 문제를 내는 친구는 사회자가 되는 거다. 사회자에게는 문제를 읽을 때 정확하게 발음하라고 했다. 그래야 친구들이 알아듣는다고 말이다.

처음으로 문제를 낼 때는 문제 속에 답이 들어있는 실수를 하곤 했다. 이런 경우에는 쉬운 OX 문제로 내는 것도 방법이라고 일러주었다. 이제는 본인들이 응용해서 '네모 상자에 들어갈 말은 무엇인가요?', '사지 단답형', '주관식' 등등 문제를 스스로 만들어냈다.

대회를 앞두고 약간 걱정이 되었다. 이렇게 열심히 준비했는데 실력을 발휘 못해 입상을 못 하면 사기가 떨어질까 봐서였다. 아이에게 독서 골든벨 요령을 알려주었다.

"얘들아! 골든벨 초반에는 책을 읽었으면 누구나 다 통과할 수 있는 쉬운 문제로 시작할 거야. 아마도 《마법사 똥 맨》에서 문제가 나오지 않을까 싶어. 이 쉬운 문제를 우습게 보지 마라.

일단 이 대열에 들어야 더 높이 올라갈 수 있으니까. 너희는 지금 어려운 문제가 나올 《바나나가 정말 없어진다고?》, 《이원수 선생님이 들려주는 김구》, 《만년 셔츠》에서 준비하는데 물론 그것도 맞아. 하지만 이 책들은 꼭대기에 올라갔을 때 문제고 일단 그 전에 탈락하지 않도록 해야 한다.”

이런저런 우여곡절 끝에 독서 골든벨이 끝났다. 돌이가 우수상을 받았다. 상 받은 아이는 물론 상 받지 않은 아이들까지 서로 축하해 주며 좋아했다. 나는 아이들에게 이렇게 덧붙였다.

“얘들아! 내가 아는 내용을 다른 사람에게 알려주고 전해주면 나는 가르치는 사람이 되는 거야. 다른 사람을 가르치려면 내가 더 많은 공부를 해야 하고 나만의 학습법까지도 개발하여야 해. 너희들이 호스트가 되었을 때 할머니의 이 말을 꼭 새겨두었으면 좋겠어.”

눈물을 선사한 '독서 발표회'

드디어 발표회 날. 몇 날 며칠을 정성 들여 만든 현수막을 벽에 걸었다. 아이들이 발표할 영상을 띄우려고 TV에 노트북을 연결했다. 모든 준비가 끝나고 아이들과 엄마들이 한자리에 모였다.

"사임, 사임 파이팅! 사임, 사임 파이팅! 돌이, 돌이 잘한다. 돌이, 돌이 잘한다. 돌이, 돌이 파이팅!"

첫 번째 발표자는 돌이다.

"여행을 좋아하고, 컴퓨터를 잘하고, 선생님이 되고 싶은 돌이이입니다." 약간 긴장된 모습이었지만, 엄마들과 친구들이 "돌이, 돌이 잘한다"를 외쳐주니 자기소개를 멋지게 해냈다. 돌이는 《올백》을 읽고 자신이 느낀 점을 파워포인트에 정리했다. 책 읽기 시간에 5학년 언니가 파워포인트를 몇 번 가르쳐주었는데, 그렇게 배운 실력으로 발표문을 만들었다. 초등학교 4학년이 파워포인트를 능숙하게 활용하니 엄마들이 깜짝 놀랐다.

두 번째는 랑이다.

"동물을 좋아하고, 그림을 잘 그리고, 동물병원 의사가 되고 싶은 랑이입니다." 랑이는 《이원수 선생님이 들려주는 김구》를 읽고 김구 할아버지께 편지를 썼다. 할아버지께서 독립운동하면서 무서웠을 텐데 나라를 위해 일하시는 모습이 존경스러웠다는 마음을 담아 발표했다. 랑이는 예능에 뛰어난 아이다. 서울시 어린이 합창단 소속으로 전국 동요 부르기 대회에서 입상도 했다.

세 번째는 토끼다.

"농구를 좋아하고, 농구를 잘하는 농구선수가 되고 싶은 토끼입니다.” 토끼 역시 《이원수 선생님이 들려주는 김구》를 발표했다. 토끼는 공부 욕심쟁이다. 발표문을 6페이지나 썼는데, 이걸 세 번이나 줄여서 두 장으로 정리하여 발표했다. 토끼를 바라보면 똑똑 소리가 절로 난다. 내가 지어준 별명이 똑똑이다.

네 번째 발표자는 람쥐다.

“롤러스케이트 타기를 좋아하고, 만들기를 잘하고, 디자이너가 되고 싶은 람쥐입니다.” 람쥐는 《마법사 똥 맨》을 발표했다. 람쥐는 화가가 되고 싶고 디자이너도 되고 싶단다. 그래서 발표문이 글보다는 그림이 많아 보는 재미를 더했다.

다섯 번째는 돼지다.

“춤추기를 좋아하고, 춤추기를 잘하는 농구선수가 되고 싶은 돼지입니다.” 돼지는 춤추는 걸 좋아해서 아이돌을 꿈꾸며 춤 연습을 하고 있다. 돼지는 《이원수 선생님이 들려주는 김구》를 발표했는데, 김구 선생님의 어린 시절 개구쟁이 모습과 아버지에게 매를 맞은 장면을 재미있게 읽었다는 독후감을 써서 발표했다.

다섯 아이가 발표를 마치자, 칭찬 릴레이 시간을 가졌다. 발표문을 지켜본 엄마들과 친구들이 소감을 말하는 순서다. 이때 반드시 칭찬이 들어가게 했다. 말하는 사람은 한 번이지만 듣는 발표자는 거의 스무 번의 칭찬을 듣는다.

엄마에게는 감동을, 아이에게는 부모에 대한 감사한 마음을 전하는 편지를 미리 써두었다. 책 읽기 모임에 참여하게 해준 것도 감사, 맛있는 음식을 먹게 해준 것도 감사, 아플 때 밤새워 간호해 주신 것도 감사. 부모님께 감사한 일들은 셀 수 없이 많다. 아이들에게 감사 편지도 쓰고 용돈으로 엄마를 위한 선물을 준비하게 했다. 나도 했다. '책 읽어 주는 햄미'가 여기까지 오게 된 건 아이 엄마들 덕분이다. 그래서 감사장을 만들었다.

람쥐 엄마는 책 읽는 저녁 3시간 동안 날마다 거실을 제공했다. 학원 갔다 바로 오는 아이들에게 저녁까지 챙겨 먹이고 간식도 챙겨주었다. 그리고 아이들에게 꼭 맞는 5권의 책을 도서관에서 빌려다 날랐다.

랑이 엄마는 청와대 현장학습 때 36도가 넘는 뜨거운 날씨에 아이들을 태워다주고, 독서 골든벨 준비를 위한 단어를 보기

편하도록 단어집으로 만들어주었다.

돌이 엄마는 초등학교 선생님이다. 학교 도서관에서 아이들이 읽었으면 좋겠다는 책들을 가져와 각자 집까지 배달해 주는 수고를 마다하지 않았다.

토끼 엄마는 아이들이 책 읽기를 통해 잘 성장할 수 있도록 응원해 주었고, 미래의 든든한 지도자가 될 수 있도록 물심양면으로 지원해 주었다.

돼지 아버지는 백범 기념관 체험학습 때 대중교통 이용하는 훈련을 같이했다. 지하철표를 사고 지하철로 이동하는 과정에 함께 해주고, 아이들이 목 마를까 봐 간식과 아이스크림을 사주었다. 이런 고마운 사연들을 본문에 담아 감사장을 만들었다.

드디어 '깜짝 쇼' 차례다. 사전에 아이가 쓴 편지에 배경음악을 넣고 아이 목소리로 녹음해서 부모님께 감사하는 마음을 자막으로 담아 동영상을 만들었다. 동영상이 상영되니 엄마들의 눈빛이 영상 속 아이에게 집중했다. 어떤 엄마는 아이에게 "엄마 사랑해요!"라는 소리를 처음으로 들어본다고 했다.

랑이 편지에는 엄마가 허리를 다쳐 고생하시는데 자꾸 짜증을 내어 미안하다는 내용이 있었다. 랑이 엄마는 초반부터 눈시울을 적시더니 나중에는 아예 소리를 내며 울었다. 랑이 엄마가 우니 나도 울게 되고, 그 자리에 있던 엄마들이 모두 울어 순식간에 울음바다가 되었다. 어리다고만 생각했던 아이가 의젓해 보였다.

'깜짝 쇼'로 준비한 선물은 다양했다. 엄마에게 커다란 꽃다발을 준비한 토끼. 며칠 있으면 엄마 생신이라서 돈을 좀 더 보태어 좋은 선물을 할 거라고 선물을 그림으로 그려서 엄마에게 주는 랑이. 람쥐는 돈이 없어서 이용권 뽑기 선물 상자를 준비했다고 했다. 그 상자 안에는 10분 발 마사지 하기, 10분 등 두드려 주기, 설거지 하기 등 다양한 뽑기가 들어 있었다. 내용이 재밌고 아이디어가 참신했다.

아이들 발표만 하고 끝내기는 서운했다. 책 읽기 줌 기록 영상들을 편집해서 《사임 파이브 북 클럽》이라는 제목으로 책으로 엮어냈다.

여성 지도자가 되길 바라며 읽은 책, 《신사임당》

《신사임당》을 읽을 때, 첫 페이지부터 난관에 부딪혔다. 신사임당이 외갓집에서 태어나고 자랐다는 이야기가 나오자 아이들은 '외가'와 '친가'를 헷갈려 했다.

요즘 아이들은 친가, 외가를 따지지 않고 형편에 따라 산다. 같이 살든 같이 살지 않든 외할머니, 친할머니라고 부르지 않고 동네 이름을 따서 반포에 살면 반포 할머니, 미국에 살면 미국 할머니라고 부른다. 어른에게는 별것도 아닌 사돈, 외갓집, 처가, 시집, 친정엄마, 시어머니, 장모님, 장인어른 같은 호칭들을 아이들은 낯설어 했다. 이 문제를 해결하지 않으면 진도

나가기 어려웠다. 호칭을 이해시키기 위해 한 아이를 중심으로 설명했다.

"아지야. 너는 엄마를 엄마라고 부르지? 그럼 너희 엄마의 엄마는 네가 외할머니라고 부르는 거야. 그리고 너의 외할머니는 너희 엄마에게 친정엄마가 되는 거란다. 너희 엄마는 엄마 집에 간다는 걸 '친정집 간다'라고 하고, 너는 '외갓집 간다'라고 하지. 그리고 너희 아빠는 네가 외할머니라고 부르는 분에게 장모님이라고 부르고, 처가에 간다고 하는 거야."

한번 더 설명한다.

"너에게는 외할머니, 너희 엄마에겐 친정엄마, 너희 아빠에겐 장모님. 이번에는 너를 기준으로 외할머니 집에 가는 것을 외갓집, 너희 엄마에겐 친정집, 너희 아빠에겐 처갓집. 결국엔 한 사람이고 한 집을 칭하는 건데 부르는 사람에 따라 다른 호칭을 쓰는 거지."

책 내용에 들어가기 전에 촌수 관계를 이해시키는 게 이렇게 어려웠다. 우리는 어렵거나 외울 것이 있으면 퀴즈 놀이를 한다. 아이들이 퀴즈를 풀면서 자기끼리도 헷갈려 잘못 문제를 내어 웃고 떠들며 재미있어 했다.

사실, 책 선정을 잘못한 거 같다. 책에 나오는 단어가 어려웠다. 그래도 이 책을 선택한 이유가 있었다. 다른 책은 단어를 어학사전에서 따로 찾아봐야 하는데 이 책은 책 옆 설명란에 해설이 되어 있었다. 단어 설명이 잘 되어 있어 단어 공부도 하려는 의도였다.

그런데 책장이 넘어갈수록 태산이었다. 신사임당을 읽는데 웬 뚱딴지같이 단종이 쓴 〈자규사〉 시조가 나왔다. 초등학교 아이가 시조가 무엇인지도 모르는데 시조의 뜻을 알 리가 없었다. 이렇게 읽다가는 그만두어야 할 상황이다. 아니나 다를까 한 아이 엄마에게 문자가 왔다. 책이 너무 어려워 이해를 못 하니 이렇게 읽을 바엔 차라리 그 시간에 다른 공부를 하겠단다.

그날부터 단종과 〈자규사〉 시조 공부를 했다. 인터넷을 검색해 신사임당에 관련된 정보를 모두 찾아 정리했다. 그리고 아이들에게 책을 읽지 않겠다고 했다.

"얘들아, 오늘은 책 읽지 말자. 읽던 책 다 덮어. 그리고 할머니하고 놀자."

"와! 진짜예요? 진짜로 안 읽어도 돼요?"

아이들은 책을 안 읽는다니 신나면서도 의아해했다.

"응. 오늘은 안 읽을 거야. 그 대신 할머니가 옛날 이야기해 줄게."

옛날 조선 시대에 5대 왕 문종이라는 임금님이 있었어. 이 임금님은 백성들을 사랑하고 나랏일을 잘하셔서 온 나라가 평화로웠지. 그런데 임금님이 나랏일을 너무 열심히 하셨는지 몸에 병이 나고 말았단다. 이제나저제나 병이 낫기를 바라고 좋은 약은 다 써봤지만, 병은 자꾸 깊어만 갔지. 궁궐에서는 임금님 자리를 이어받을 세자가 어려서 걱정이 이만저만이 아니었어. 그러자 임금님은 내가 죽더라도 이 나라를 잘 이끌어가라고 세 사람에게 세자를 부탁하게 되지. 그 세 사람은 당시 임금님과 나라의 큰일을 하던, 지금 국무총리 정도 되는 영의정과 부총리 정도 되는 좌의정, 우의정이었어.

문종 임금님이 돌아가시자 세자는 12살 어린 나이에 조선의 제6대 왕 단종이라는 임금님이 되신 거야. 옛날에는 어린 나이에 왕이 되면 궁궐의 큰 어른인 왕의 할머니나 어머니가 수렴청정했단다. 수렴청정이란 왕이 나이가 어려서 판단을 잘못하니까 할머니나 엄마가 도와주는 건데, 단종에게는 어머니와 할머니 두 분이 다 돌아가셨어. 그래서 아버지 문종이 정해준 대신들이 단종을 도와 나랏일을 해나가고 있었던 거야.

그런데 단종에게는 작은아버지인 수양대군이라는 분이 있었어. 이 수양대군이 임금 자리를 탐냈던 거지. 수양대군은 단종을 도와주는 대신들을 모두 죽여 버렸어. 그리고 이를 반대하는 집현전 유생들까지도 죽이고 귀양을 보내 버렸단다. 단종도 왕의 자리를 빼앗기고, 강원도 영월로 쫓겨났어. 왕권을 빼앗기고 너무나 분하고 원통해서 그 당시 매죽류라는 누각에 올라 지은 시가 바로 〈자규사〉란 시란다.

"이제 책 14쪽을 펴보렴. 여기에 〈자규사〉 시가 있어. 〈자규사〉 시를 누가 지었다고?"

"단종이요."

"그래. 맞았어. 단종은 이 시를 지었을 때 마음이 어땠을까?"

"슬펐어요."

"왜 슬펐을까?"

"임금 자리를 빼앗겨서요."

"그래. 맞아. 그러니 단종이 너무 불쌍하지. 그럼, 이번에는 우리가 단종에게 위로의 편지를 써보자.”

이렇게 해서 이 책의 주인공인 신사임당에게 편지를 쓰는 게 아니라 단종 임금님에게 편지를 쓰게 되었다.

“얘들아, 책이 어려워서 이해가 안 되는 부분이 있더라도 오죽헌에서 설명을 듣고 실제로 신사임당이 살았던 곳을 살펴보면 이해가 될 거야. 그 대신 이것만은 꼭 기억해 두렴. 신사임당 이름을 왜 신사임당이라고 정했는지. 그 내용은 이 책 71쪽에 나와 있어.”

신사임당의 본명은 신인선이다. 책을 좋아하던 인선은 어느 날 《열녀전》을 읽게 되었다. 열녀전 〈주실 삼모〉 편에 중국 문왕의 할머니인 태강과 문왕의 어머니인 태임, 그리고 문왕의 부인 태사, 세 여자의 이야기가 나온다. 그중에 문왕의 어머니인 태임이 역사상 대표적인 현모양처라는 걸 알게 된다. 현모양처를 꿈꾸던 인선은 태임을 본떠 사임이라고 호를 정했다. 신사임당의 ‘신’은 성이고, ‘사임’은 태임을 본뜬 것이다. ‘당’은 옛날에는 여자들에게 이름을 지어주지 않아서 서울에서 시집을 왔으면 ‘서울댁’이라고 부르던 유래로, 집을 뜻하는 ‘당’

을 붙여 신사임당이라고 지었다고 추측한다.

우리 독서 모임 이름이 왜 사임반인지 알려주고 싶어 읽었던 책이다. 책이 어려워 포기하고 싶을 때도 새로운 방법을 찾아 끝까지 읽어 냈다. 그걸 통해 아이들은 어려움 속에서도 해결 책을 찾는 지혜를 배웠다.

삶도 마찬가지다. 어려움이 닥칠지라도 멈추지 말고 다른 길을 찾아보는 것도 한 방법이다. 60대 후반에 시작한 이 일도 처음에는 막막했지만, 아이들과 책을 읽으며 한발 한발 나갔더니 아이도 자라고 나도 자랐다.

 # 토끼와 추억 여행

"할머니! 토끼하고 돼지가 오늘 여행 못 간대요."

"그래? 그런데 저기 간판 뒤에 저 발은 누구 발이지?"

아이들은 신이 났다. 여행 못 가는 친구를 걱정하는 목소리가 아니었다. 숨는다고 숨었지만 발이 보였다. 할머니가 안 속아 주어도 신났다.

7월 14일 3시 30분에 서울역에 도착했다. 아이들이 나를 발견하자 "할머니!" 하며 내 품으로 달려들었다. 모두 껴안았지만 뭔가 이상했다. 안 보이는 얼굴이 있었다. 장난기가 발동하여 두 아이가 숨은 거다.

사임반에서 책을 읽던 토끼가 미국으로 이민을 가게 되었다. 먼 길을 떠나는 토끼와 친구를 보내는 아이들에게 특별한 선물을 해주고 싶었다. 마침 《신사임당》 책을 읽고 오죽헌으로 현장학습을 가기로 되어 있었다. 이걸 토끼를 위한 추억 여행으로 만들면 그동안 책을 읽으며 쌓아왔던 우정을 오래도록 간직할 거 같았다.

이동 수단을 승용차가 아닌 기차로 정했다. 강릉까지 KTX가 연결되어 있어 시간도 단축되고 안전하기 때문이다. 늘 승용차로만 이동하며 기차를 타보지 않은 아이들에게는 새로운 경험이 될 거다. 여행 계획을 엄마들에게 전했다. 날짜를 정해달라고 했다. 그런데 일정을 맞추면서 예상치 못한 제안을 해왔다.

"할머니, 아이들이 여섯 명이나 돼서 혼자서는 힘드실 거예요. 저희가 따라가서 도와드릴게요."

이참에 자신들도 토끼 엄마와 송별회를 하겠다고 했다. 좋은 생각이긴 했으나 엄마들이 가면 아이들이 마음껏 노는 데 지장이 있을 것 같아 잠시 망설였다. 사실 나 혼자서 여섯 명을 돌보며 1박 2일을 보내는 것은 무리였다. 이틀 동안 먹는 것부터 숙소, 교통편까지 모든 것이 부담스러웠는데 도와준다니 감사했다.

비상 상황이 발생했다. 며칠째 내린 장맛비로, 물난리가 났다. 산사태로 집들이 묻히고 제방이 터져 마을 전체가 물에 잠기면서 수백 명의 이재민이 생겼다. 지하 주차장에 물이 차서 수십 대의 차들이 물에 잠긴 모습이 뉴스에 나왔다.

그동안 애써 지은 농사가 물에 잠기고 목숨까지 잃는 안타까운 소식들이 차마 눈 뜨고는 못 볼 지경이다. 서울에도 억수같이 비가 쏟아지고 있다. 큰일이다. 이런 물난리 통에 일정대로 진행하기가 곤란했다.

엄마들 단톡방에도 논의가 이어졌다. 별 뾰족한 수가 없었다. 딸은 랑이 엄마에게 여행을 취소하자고 했단다. 그때 랑이 엄마가 단톡방에 결정적인 글을 올렸다.

"아이들은 비가 오든 말든 저희끼리 있는 것만으로도 좋아할 거예요. 비가 많이 오면 일정을 조정하고 숙소에서 보내면 돼요."

그 말에 용기를 얻었다. 그길로 바로 마트에 갔다. 모자 달린 비옷을 아이용 여섯 벌과 내 것까지 일곱 벌을 샀다. 비가 와서 아무 데도 못 나가면 숙소 앞이나 길거리에서 우비를 입고 길거리 공연을 할 생각이었다. 음악도 춤출 수 있는 댄스곡으로 세 시간 정도 틀 수 있을 만큼 내려받았다. 앰프도 두 개 준비했다. 비가 오면 주머니에 쏙 들어가는 블루투스 앰프와 좀 더 성능이 좋은 중간 사이즈 앰프까지 챙겼다.

마지막으로 중요한 일이 남았다. 아이들이 가장 궁금해 하는 최고의 화두인 짝꿍 정하기였다. 짝꿍 정하기는 아이들에게 민감한 부분이었다.

"할머니, 짝꿍 어떻게 정할 거예요?"

책을 읽는 동안에도 계속 물어왔었다.

"이번 여행에서 짝꿍은 제일 안 친한 사람끼리 앉게 할 거야. 안 친한 사람도 얘기하고 놀다 보면 친해질 수도 있고, 친구의 몰랐던 점들도 알아갈 기회가 되잖아. 이런 기회를 할머니가 놓칠 리 없지. 그래서 제일 안 친한 사람끼리 앉힐 거야."

나는 단호하게 대답했다. 그때마다 아이들은 그건 절대로 안 된다고 항의했다. 그럼 어떤 방법으로 짝꿍을 정하면 좋을지 물었다. 가위바위보를 하자는 의견과 다른 몇 가지 의견이 나왔지만 쉽게 정할 일이 아니었다. 궁리 끝에 제비뽑기는 어떠냐고 했다.

"아, 맞아요! 제비뽑기 좋아요!"

아이들은 제비뽑기를 만장일치로 정한 터였다. 여자아이들이 좋아하는 과자 위주로 장을 봤다. 비닐봉지에 초콜릿, 젤리, 과자, 팩 음료, 쿠키를 넣고, 바닷가에서 춤추고 놀 때 쓸 야광봉, 야광 팔찌, 야광 안경, 장난감 선글라스,우비까지 모두 담았다. 그다음 제비뽑기에 필요한 번호표도 만들었다. 1번부터 6번까지 최대한 예쁘게 꾸미려고 색종이에 정성스럽게 번호를 적고 예쁜 모양으로 접었다. 번호 쓴 색종이를 과자봉지 바깥쪽에 접착제로 떨어지지 않게 붙였다. 이것을 받고 좋아할 모습을 떠올리니 미소가 지어졌다. 제발 안 친한 친구와 짝이 되더라도 이 과자를 나눠 먹으며 친해지기를 바랐다.

제비뽑기를 시작했다. 신중을 다했다.

"얘들아, 번호 펴기 전에 너희들에게 부탁이 있어. 번호를 폈을 때 내가 바라던 친구가 짝이 안 되었더라도 절대로 내색하지 않기다. 표정 관리는 상대방에 대한 배려야."

아이들은 알았다는 듯 번호를 펴고 짝꿍을 확인했다. 짝꿍을 찾은 아이들은 짝꿍이 마음에 드는지 서로 얼싸안고 깡충깡충 뛰면서 환호성을 질렀다. 저렇게 좋아하는 걸 보니 짝꿍 정하는 것 때문에 조바심을 낸 게 괜한 짓이었나 싶었다. 강릉에 도착했다.

"어머! 얘들아, 해 떴어!"

서울은 물론이고 차창 밖으로 보이는 게 물천지뿐이었는데 강릉엔 해가 떴으니 나도 모르게 소리를 질렀다. 저녁 6시라 아주 뜨거운 햇볕도 아니고 활동하기 딱 좋았다. 숙소에 짐을 풀고 경포대 바닷가로 나갔다. 엄마들은 야식거리를 사주고 근처 커피숍에서 기다리기로 했다.

거리공연을 하려고 공원으로 갔다. 그런데 람쥐가 얼마 전에 가족여행 왔던 곳이라며 바닷가 모래밭으로 뛰어갔다. 나머지 아이들도 말릴 새도 없이 따라 뛰었다. 모래밭에서 고삐 풀린 망아지들이었다. 파도가 밀려와 온몸이 다 젖어도 소리를 지르고 깔깔대며 뛰어다녔다. 나는 신발과 양말을 벗으라고 했다. 샌들을 신은 아이가 있는데 물에 샌들이 벗겨지면 신발을 주우려다 파도에 휩쓸릴 것 같았다. 아이들이 벗어 던진 신발과 양말을 챙기고 있는데 아지가 외쳤다.

"할머니! 돌이가 없어졌어요!"

깜짝 놀라 돌이를 찾았다. 보이지 않았다. 가슴이 쿵쾅거렸다. 숨도 쉴 수가 없다. 엄마들에게 전화했다. 돌이가 없어졌으니 빨리 바닷가로 나오라고. 놀란 엄마들이 새파랗게 질려 뛰어와 어떻게 된 거냐고 물었다. 설명할 새 없으니 돌이부터 찾으라고 했다. 돌이 엄마가 숨이 넘어가게 뛰어다니며 돌이를 불렀다.

그때 돌이가 저만치서 "엄마!"하고 울면서 나타났다. 엄마는 돌이를 껴안으며 울음을 터뜨렸다. 상황은 이랬다. 파도가 밀려오면 샌들이 벗겨지니까 신발을 벗으라고 했다. 발에 상처가 난 돌이는 신발을 벗을 수 없었던 모양이다. 신나게 노는 친구들을 보니 속상해서 혼자 멀리 가 있었던 거다.

아무튼 돌이가 돌아오자 다시 뛰기 시작했다. 나도 뛰었다. 엄마들은 아이들 노는 모습을 촬영하느라 바빴다.

"할머니 옷 다 젖었어요!"

아지 엄마가 소리를 질렀지만, 그까짓 옷 젖는 것은 문제가 아니었다. 실컷 뛰어논 뒤 앰프의 볼륨을 높이고 아이돌 댄스곡을 틀어주었다. 아이들 대부분이 댄스 학원에 다녀서 춤도 잘 춘다. 근처에 있던 몇몇 사람들에게는 시끄러워도 잠깐만 양해를 부탁했다. 그들은 괜찮다고 하며 아이들이 춤추는 구경하니까 재미있다고 했다.

한참 춤을 추니까 더웠나 보다. 아이들이 파도가 밀려오는 곳으로 뛰어갔다. 나는 더 이상 뛸 수가 없었다. 발목이 아파서 꼼짝도 못 할 지경이었다. 그때 해안경비대원이 물에 들어가지 말라고 호각을 불면서 사륜 오토바이에 타고 쫓아왔다. 우리는 그 길로 숙소로 돌아왔다. 아이는 아이대로 엄마는 엄마대로 마음에 있는 이야기를 나누며 강릉의 밤은 깊어 갔다. 돌이가 안 보여 순간 긴장했지만, 토끼와의 추억 만들기는 아이들 웃음소리로 마무리되었다.

누구에게나 마음 따뜻한 추억 하나쯤 있다면 지치고 외로울 때 무너지지 않고 일어설 수 있을 거다. 토끼에게도 그런 추억이 되었으면 좋겠다.

제 4장

아이들의 독서와 글쓰기 능력을 키우는 역사 여행

 # 책을 읽고 떠나는 여행,
마음을 움직인다

아이들과 다양한 방법으로 책을 읽어 왔다. 책을 읽고 깨닫게 된 건 책 속에 나오는 현장을 직접 가보는 거였다. 청와대도 가보고 김구 선생 기념관도 다녀왔다. 신사임당 흔적이 있는 오죽헌도 방문했다. 그 외에도 전주한옥마을이나 미술관, 음악회 등 여러 곳을 다녔다.

이런 경험을 통해 역사를 주제로 한 여행이 독서에 유익하다는 걸 알았다. 역사 이야기는 책으로만 읽으면 지루하게 느껴진다. 하지만 여행하며 접하니 내용도 쉽고, 재미있게 알아간다. 앞으로도 여행을 통해 더 많은 걸 알려주고 싶다. 그래서 역사 여행 후 좋았던 점들을 정리해 보았다.

첫 번째, 준비된 여행이었다.

역사 여행을 떠날 때는 먼저 어떤 인물이나 그 인물과 관련된 장소를 정했다. 그리고 거기에 맞는 책을 찾아 읽었다. 책을 읽으며 역사에 얽힌 유래나 배경지식을 익혔다. 책에서 얻은 정보만으로 부족하다 싶으면 인터넷에서 자료를 더 찾아보았다. 이렇게 공부를 한 뒤 마지막으로 실제 장소를 방문하여 전문 해설사에게 설명을 들었다.

두 번째, 역사에 속 인물과 장소를 알고 갔다.

역사 속 장소와 관련된 사건이나 인물을 공부하고 갔다. 그리고 현장에 마주하니 관심과 호기심이 생겨 그와 관련된 다른 책을 찾아 읽게 되었다.

세 번째, 다양한 문화와 시대를 몸으로 겪으니 책이 잘 이해되었다.

여행을 통해 여러 시대의 건물, 생활 방식, 문화를 직접 보고 느끼니, 그 시대를 배경으로 책을 읽을 때 이해의 폭이 넓어졌다. 예를 들어, 전주한옥마을을 다녀온 뒤 조선 시대가 배경인 책을 읽으니, 한옥 마당과 골목, 기와지붕 모습이 떠올라 이해가 빨랐다.

네 번째, 여행에서 찍은 사진이나 영상은 기행문 쓸 때 참고하면, 여행지에서 설명 들은 내용이 더 선명하게 머릿속에 그려졌다.

다섯째, 생각하는 힘이 자랐다.

한 인물을 여러 관점에서 바라보고 다르게 해석해 보면서 분별력이 생겼다.

"이 사람을 왜 위인이라고 부를까?", "이 선택은 옳았을까?" 질문하며 생각하는 힘을 키워 갔다. 이런 경험은 역사를 외우는 데 그치지 않고, 자료를 분석하고 판단하는 힘을 키우는 데 도움이 되었다.

나는 기억에 남을만하고 추억도 되고 교육적으로 도움이 되는 게 역사 여행이라 생각한다. 아이들이 여행 갈 곳을 찾아보 았다. 안동 하회마을과 민속박물관, 강화도 고인돌 유적지와 강화산성, 공주 무령왕릉과 부여 백제문화단지 등을 찾았으나, 가장 마음 가는 곳은 경주였다.

경주는 청소년만이 아니라 누구에게나 흥미로운 유적지가 많은 곳이다. 불국사와 석굴암, 첨성대와 여러 왕릉까지 신라 시대 유적지를 돌아보면, 우리 역사와 민족에 대한 자부심도 높아지리라 본다. 그리고 무엇보다 경주는 내가 유년 시절을 보낸 곳이다. 아이들에게 햄미가 어린 시절을 보낸 곳을 보여주고 싶었다.

이번에도 예외 없이 여행지에 관한 책을 읽고 가기로 했다. 책을 찾던 중 한 지인이 유홍준 교수의 『나의 문화 유산답사기』를 추천해 주었다.

"여러분이 우리 역사와 문화유산을 좀 더 생생하게 알고, 느끼고, 진정 사랑할 수 있게 되기를 기대합니다."

유홍준 작가의 말이다. 나도 작가와 같은 마음이다. 우리 주변에서 볼 수 있는 궁궐을 포함해 산성들 하찮아 보이는 돌덩이 하나도 선조들이 남긴 문화유산이다.

내가 우리 집 마당인 듯 뛰어놀았던 분황사도 그때는 그냥 놀이터였다. 지금 알고 보니 분황사는 신라가 삼국 통일할 때 사회적, 정치적으로 중요한 역할을 했던 곳이다. 우리가 올라가 놀던 석탑이 우리나라에서 가장 오래된 모전석탑이다. 그때 이 사실을 알았다면 탑 속으로 기어가 놀았을까 싶다. 사임반 아이들도 역사 기행을 통해 가까이 있는 문화유산에 관심 가질 수 있었으면 한다.

이번 여행은 사임 반 아이에게는 역사 공부가 이 핼미에겐 추억 여행이 될 거다.

# 역사 여행을 준비하며, 입체적으로 책을 읽다

그동안 책 읽으며 신경 쓴 부분은 문해력이었다. 이번에는 평소와 다르게 읽었다. 경주로 역사 여행을 가기도 하지만 여행하며 지도자가 되기를 바라서다.

지도자가 되기 위해선 세 가지 역량이 필요하다. 첫 번째는 소통이다. 다른 사람의 말을 잘 듣고 이해하며 자기 생각을 명확히 전할 수 있어야 한다. 두 번째는 협동심이다. 팀원이 각자 역할을 잘 해낼 수 있도록 돕는 게 지도자의 역할이다. 세 번째는 문제해결력이다. 지도자는 어느 때 어느 상황에서든 문제가 발생하면 빨리 판단하여 해결책을 제시해야 한다.

우리 아이들이 이 세 가지 역량을 갖춘다면 어디를 가더라도 지도자가 될 수 있다고 자부한다. 여행하면서 이런 역량이 키워지기를 바라는 마음으로 책 읽는 방법을 입체적으로 바꾸었다.

아이들에게 매일 한 챕터씩 소리 내어 읽게 하고, 스마트폰으로 녹음하여 카페에 올리도록 했다. 학교 숙제와 학원 다니느라 바쁘겠지만, 그래도 시간을 관리하며 책 읽는 습관을 들이기 위해서다. 어렵겠지만 잘 해낼 거라 믿고 시도했다.

시작부터 쉽지 않았다. 아이들이 사용하는 핸드폰마다 기능이 달라 화면 녹화가 안 되는 경우가 많았다. 또한 어린이 보호 설정 때문에 앱 설치가 제한된 아이도 있었다. 결국 모든 폰에 기본으로 있는 음성 녹음 기능을 사용하기로 했다. '음성 녹음'에서 녹음하면 카페에서 소리를 못 듣는다. 다시 내려받아야 한다. 번거롭지만 하나씩 해결해 나갔다. 아이들도 매일 읽고 카페에 인증하는 것을 부담스러워했다.

"이걸 매일 해야 해요?", "친구들과 모여서 하면 안 돼요?"라며 투정을 부렸다. 일주일에 두 번 만나서 읽던 거를 매일 읽어야 하니 당연했다. 힘든 건 나도 마찬가지였다. 아이들이 단톡방에 올린 녹음 파일 다섯 개를 날마다 카페에 올려야 했다.

　문제는 카페에 올리는 게 문제가 아니라 제시간에 파일이 올라오지 않으니 그게 문제였다. 저녁이면 노심초사다. 한 번 밀리기 시작하면 계속 밀리기 때문이다. 이러다가 책에 흥미를 잃을까 봐 걱정도 되었다. 일일이 전화해서 오늘 것 빨리 올리라고 재촉했다. 그래도 안 올리면 잔소리까지 했다. 책 읽어 주는 햄미가 아니라 잔소리하는 햄미가 됐다. 묘책이 필요했다. 책 읽기에 재미를 붙일 방법을 단톡방에 공지로 올렸다.

　"매일 빠짐없이 일요일 4시까지 책 읽기 인증한 친구에게 최고로 멋진 이모티콘 쏜다!"

　이 공지는 기대 이상의 효과를 보였다. 이모티콘을 받은 아이가 단톡방에서 자랑하자, 다른 아이들도 경쟁하듯 녹음 파일을 올렸다. 하루 빠진 친구에게도 격려 차원에서 이모티콘을 주었다. 이후에는 일주일 분을 제일 먼저 인증한 친구에게 보너스 선물을, 이모티콘을 가장 많이 받은 친구에게는 특별한 선물도 주었다.

　그러던 중 미국에 있는 토끼도 책 읽은 녹음 파일을 카페에 올렸다. 토끼는 미국에서 책을 구매했다. 읽는 순서와 카페 인증 방법을 따로 알려줘야 했다. 시차 때문에 시간 잡기가 어려워 몇 번을 시도하여 겨우 알려줬다. 토끼는 워낙 열심히 읽으니, 한국에 있는 친구들보다 2주나 늦게 시작했음에도 5일이나 먼저 끝냈다.

토끼가 올려준 영상 속 목소리를 들으니, 발음도 정확하고 맥락도 잘 살려 읽었다. 올려놓은 영상 아래에 댓글을 달아주었다.

"토끼야, 장하다! 안 되는 걸 될 때까지 해낸 토끼는 이미 성공한 거야. 그리고 더 칭찬할 건 발음에 신경 쓰고 읽었다는 거야. 네가 들어도 정확하게 들리지? 토끼 잘 읽어서 마치 성우 같아. 토끼는 역시 똑똑이야!"

주중에는 각자 읽어 인증하고 일요일에는 오프라인에서 만났다. 한 주 동안 읽은 내용을 바탕으로 토론한 후 읽은 후 독후감을 쓰게 했다. 이렇게 해서 한 달 반 만에 끝까지 읽었다.

다 읽은 후 골든벨 방식으로 퀴즈 대회를 열었다. 매주 한 명씩 호스트를 정했다. 호스트는 자신이 맡은 50페이지 분량에서 15문제를 출제해야 한다. 문제와 정답은 사전에 나에게 점검받도록 했다.

퀴즈는 줌으로 진행하기 때문에 진행 규칙을 정해서 혼란이 없도록 미리 공지했다. 예를 들어, 정답은 채팅창에 적는 거로 인정한다. 말로 하면 오답으로 처리한다. 채팅창에 올라온 순서대로 제일 먼저 올라온 정답만 인정한다. 정확한 답만 인정하며 비슷한 답은 오답으로 처리한다는 규칙이었다.

호스트를 맡은 아이는 15문제를 출제하기 위해 꼼꼼히 읽어야 한다. 그냥 읽기만 할 때와 퀴즈 문제를 내는 것은 완전히 다르다. 실제로 진행해 보니 문제 수준이 상당히 높았다. 문제 유형도 사지선다형, OX형, 단답형, 주관식 등으로 다양했고, 출제자 관점에서 읽었다는 생각이 들었다.

호스트의 진행이 끝난 다음에는 문제를 풀었던 친구들이 호스트에게 피드백하도록 했다. 아이들은 회의를 진행하면서 잘했던 부분을 찾아내는 눈도 길러졌다. 그냥 입에 발린 '잘했어요'가 아니라 목소리를 크게 했으면 좋겠다는지, 말을 천천히 했으면 좋겠다는지 상황에 맞도록 피드백했다.

나도 호스트를 과하게 칭찬했다. 사실 친구들을 이끄는 일은 어른이 한다 해도 쉬운 일이 아니다. 이런 과정을 해보는 자체가 지도자로 커 가는 과정이다. 내 차례는 마지막으로 정했다.

내가 호스트를 할 때는 책 읽기의 재미를 위해 아이디어를 냈다. 15문제 중 10문제는 기본 문제로 출제하고 나머지 5문제는 순위를 뒤집을 수 있는 쉬운 문제로 냈다. 그래야 포기하지 않고 끝까지 집중할 것 같아서였다.

책이 끝날 때쯤 책 읽기 열정이 시들해졌다. 또 아이들 관심을 끌기 위해 상금을 걸었다. 1등은 7,000원, 2등은 5,000원, 3등은 3,000원으로 1회에 15,000원을 현금으로 걸었다. 이 과정을 5회에 걸쳐서 진행했다. 상금은 5회차 내가 호스트일 때 지급하는 조건이다. 총 75,000원의 상금이 걸려있다.

퀴즈가 끝나고 상금을 받은 아이는 돈을 들고 껑충껑충 뛰면서 좋아했다. "내일 우리 엄마 생일인데 이 돈으로 선물 산다"고 좋아하는 아이도 있었다. "한 문제만 더 맞혔다면 1등 할 수 있었는데…." 하며 아쉬움을 달래는 아이도 있었다. 상금을 받은 것보다 자신이 열심히 퀴즈를 맞혔다는 것에 자랑스러워하는 아이도 있었다.

책을 읽는 방법은 목적에 따라 다양해질 수 있다. 그동안은 문해력에만 집중해서 읽었다. 이번에는 지도력을 키우기 위해 읽고, 녹음하고, 토론하고, 독후감 쓰고, 퀴즈 내고 입체적으로 읽었다.

이 과정은 아이들이나 나나 쉽지 않았다. 잔소리하는 날도 있

었다. 아이들도 포기하고 싶을 때가 있었을 거다. 그래도 끝까
지 해냈다는 성취감을 맛보았다. 그 성취감은 책을 입체적으로
읽은 결과라고 본다.

 # 아이는 놀이로 세상을 배운다

"아이들에게 시간을 주세요. 그들은 놀이를 통해 세상을 배웁니다."

전 세계 30개국 이상에서 9천만 부 이상 판매된 《살며 사랑하며 배우며》의 저자 레오 버스카글리아 교수의 말이다.

그의 말처럼 아이는 학교 공부나 책 읽기를 통해서만 세상을 배우는 게 아니다. 마음껏 뛰놀고 자신의 에너지를 분출할 때 새로운 성장이 일어난다. 놀이의 장점을 알아보았다.

첫째, 놀이를 통해 신체를 활발하게 움직이면 근력 강화와 균형 감각을 발달시킬 수 있다.

둘째, 친구와 놀면서 차례 기다리기는 사회성을 배운다.

셋째, 놀이 중에 기쁨, 화, 슬픔 등의 감정을 경험 함으로써 자기 조절 능력을 배운다.

이처럼 놀이의 좋음을 알기에 이번 여행이 균형 잡힌 성장이 되기를 바랐다. 반갑게도 아이 놀이는 내가 따로 챙길 필요가 없었다.

서울역을 출발한 기차는 오후 6시 20분 경주역에 도착했다. 택시를 타기 위해 밖으로 나왔다. 역 앞에는 생각지도 못한 넓은 공원 같은 광장이 있었다. 택시 승차장이 어디 있나 두리번거리는 사이 "할머니, 잠깐만요." 하며 아이들은 광장으로 내달렸다. 가방은 계단 여기저기에 아무렇게나 던져 놓고 전화기도 바닥에 놓아둔 채로 뛰었다. 가방과 전화기를 한곳에 모아 놓고 아이들 곁으로 갔다.

광장은 놀기에 딱 좋았다. 마치 우리를 위해 준비해 둔 것 같았다. 아이들은 술래잡기와 얼음땡 놀이를 하면서 뛰어다녔다.

오랜만에 해맑게 웃는 모습을 보았다. 학교에서 학원으로 다람쥐 쳇바퀴 생활을 벗어나 학업 스트레스를 날려버리는 모습에 내 속이 다 후련해졌다.

아이에겐 먹는 것도 놀이다. 특별한 먹거리, 경주 향토 음식인 '별채반'의 '6부촌 밥상'을 미리 알아두었다. '별채반'은 '별'과 '채반'의 합성어로, 첨성대를 상징하는 별처럼 아름다운 한식이라는 뜻이다.

조상님이 쓰던 놋그릇에 담긴 음식을 먹으며 전통의 멋을 느끼게 해주고 싶었다. 하지만 아이들은 완강하게 마라탕을 먹겠단다. 경주까지 와서 마라탕을 먹는 게 아쉬웠지만 아이들 의견을 따랐다. 엄마들에게 경주에 괜찮은 마라탕집이 있는지 검색을 부탁했다. 아지 엄마는 대기라도 하고 있었나 보다. 마라탕으로 유명한 '마라 공방'이라는 음식점을 찾아주었다.

노을 진 한적한 경주역을 지나 30분쯤 달려 마라 공방에 도착했다. 아이들은 서울에는 없는 재료들이 여기는 있다며 좋아했다. 알라가 "할머니, 이거 맛있어요." 하며 내 그릇에 이것저것 담아주었다. 랑이도 연근 같은 걸 넣어주었다. 나는 연근인 줄 알았는데 랑이는 연근이 아니라며 하나 더 넣어주면서 마라탕에는 숙주가 들어가야 맛있다며 숙주까지 듬뿍 집어넣었다.

사실 나는 마라탕을 먹어보지 않아 어떤 게 내 입맛에 맞는지 몰라 그릇만 들고 서 있었다. 그 모습을 본 아이들이 챙겨준 거다.

식사가 끝날 무렵 다음 일정인 야경을 보러 가기 위해 택시를 부르려고 했다. 그때 아이들이 "할머니, 우리 오락실 들렀다 가면 안 되나요?" 한다. "갑자기 웬 오락실?" 일정에 없던 일이고 다음 일정이 있어 안 된다고 했다.

아이들은 조르기 시작했다. 잠시만 들렀다가 가잔다. 단호하게 안 된다고 할 수도 있겠지만 자유롭게 해주고 싶은 마음도 있었다.

"그러면, 너희들이 오락실에 꼭 가야 할 이유 다섯 가지를 적어 할머니를 설득해 봐." 하고 말했다. 읽어보고 이해가 되면 허락해 준다고.

이것도 게임이다. 설득할 것인가? 설득당할 것인가? 평상시 쓰기를 힘들어하는데 어떻게 반응할지 재미있는 게임이 될 거 같다. 다섯 가지나 되는 이유를 찾느라 손으로 머리를 싸맨 아이가 있는가 하면, 첫째 둘째 손가락으로 번호를 매기면서 중얼거리는 아이도 있었다. 또 어떤 아이는 왜 이렇게 생각이 안 나냐며 답답해 죽겠다는 듯 펄쩍펄쩍 뛰기도 했다. 하여튼 다섯 가지를 적어내었다.

다른 아이 얘기는 그런대로 통과할 만했다. 한 아이가 적은 내용이 그냥 넘어가기 어려웠다. 그 아이는 다섯 가지 중 한 가지가 오락실에서 인형을 뽑아 사촌 동생에게 선물을 줘야 해서 오락실에 가야 한단다. 이해하지 못한다고 했다. 동생에게 인형을 선물하려면 경주 로고가 새겨진 인형을 사다주는 게 맞다고 했다.

한 아이가 통과하지 못해 모두 그 자리에 서 있었다. 곁에 있던 친구들이 귓속말로 뭐라 뭐라 아이디어를 주었다. 그 모습을 보니 웃음도 나고 대견하기도 했다. 결국 친구들의 도움으로 조금 부족하지만 인정해 주기로 했다. 이렇게 해서 설득 게임은 내가 졌다.

오락실에 들어갔다. 음악 소리가 쿵쾅거리고 기계에서 번쩍번쩍 빛이 나서 정신이 없었다. 아이들은 물 만난 고기다. 돌이는 땀을 뻘뻘 흘리며 농구 골대를 향해서 공을 던졌다. 공이 들어갈 때마다 뽕뽕 소리를 내니 여간 신나는 게 아니다. 알라는 인형 뽑기를 하는데 잡힐 듯 잡힐 듯하면서도 놓쳐버리는 뽑기

기계 앞에서 미련을 못 버리고 있다. 한쪽에는 하키 게임이 있었는데 아지와 랑이가 하고 있다. 하키 게임은 탁구하는 방식과 흡사했다. 탁구대를 사이에 두고 공을 치는데, 하키 게임은 공을 치는 게 아니라 공을 밀어내어 상대방에게 넘기는 거다.

나는 오락실은 불량 청소년들만 다니는 곳이란 선입견이 있었다. 전혀 그렇지 않았다. 게임도 하고 운동도 되고 친구들과 건전하게 놀 수 있는 곳이다. 주위를 둘러보니 코인 노래방이 있었다. 안 그래도 노래방에 데리고 가려 했기에. "얘들아, 여기 노래방 있다." 하고 말하자 아이들은 그 소리에 게임을 멈추고 우르르 이쪽으로 뛰어왔다.

노래방은 비좁았다. 그래도 다섯 명이 꾸역꾸역 다 들어갔다. 누가 먼저랄 것도 없이 마이크를 잡고 노래 부르기 시작했다. 확실히 어른들 하고 노는 것이 다르다. 어른들은 노래하라고 하면 네가 먼저 하라고 빼고 그러는데 전혀 그렇지 않다. 노래를 따라 부르며 떼창을 하고 춤을 추며 신나게 잘도 논다.

잠시 서 있는데 아이들이 나를 쳐다봤다. 아무래도 할머니 있는 게 신경 쓰이나 보다. 나도 아이들과 놀고 싶었다. 신나게 춤추는 사진도 찍어주면서. 그렇지만 비켜주기로 했다. 쫓아낸

게 아니라 쫓겨나 준 거다. 그래도 좋았다. 매일 학업 스트레스로 힘들어하던 아이들이 신이 나서 소리 지르는 것을 보니 나도 덩달아 신났다.

잘 노는 사람이 일도 잘한다는 말이 있다. 맨날 놀기만 하는 사람이 일을 잘할 수는 없겠지만, 놀 땐 제대로 놀고 일할 땐 열심히 일하는 사람이 성과를 낸다. 아이들도 그렇다. 잘 놀 수 있어야 공부도 잘할 수 있다.

아이들은 놀면서 자기 생각을 말로 한다. 친구의 반응을 보며 공감도 배운다. 이 과정에서 설득하거나 양보하는 방법을 알아간다. 책만으로는 배울 수 없는 것들이 놀이 속에는 있다. 이번 여행이 놀면서 사회성을 알아가고 있어 감사하다.

# 과학과 예술에 탁월한 조상의 유적지

1박 2일의 짧은 여행이라 꼭 답사했으면 하는 유적지를 해설사와 의논했다. 오전에 불국사와 석굴암을 다녀온 후 점심 식사를 마치고 천마총과 첨성대 그리고 국립 경주박물관 순으로 정했다.

불국사, 석굴암에 이어 천마총으로 갈 차례다.

해설사는 천마총 안에서는 설명하기가 복잡하니 밖에서 듣고 가는 게 좋겠다고 했다. 커피숍으로 갈까 하다가 이왕이면 아이들이 좋아하는 아이스크림 카페로 갔다. 노트북에 저장된 천마총에 관련된 사진과 동영상을 보여주었다. 마침, 카페에는 우리밖에 없어서 편안하게 들을 수 있었다. 지나고 보니 이 방법이 좋았다. 전시관 내부에서 들었다면 우리 때문에 다른 이들에게 피해가 되었을 거다. 미처 생각지 못했는데 전시관을 관람하며 다른 사람을 배려하는 매너도 배울 수 있었다.

우리는 대릉원 정문이 아닌 후문으로 들어갔다. 멀리서만 보던 능이 바로 눈앞에 있었다. 능이라기 보다는 낮은 동산이다. 능은 초록색 잔디가 잘 깎여 있었고 그 앞에는 연못이 있었다. 연못에 비친 파란 하늘과 흰 구름이 예뻤다. 이 앞에서 사진을 찍어주면 잘 나올 것 같아 애들을 불렀다. 아이들은 저만치서 개똥벌레 노래를 부르느라 내 소리를 못 들었나 보다. 그러는 사이 해설사는 주차하고 우리 쪽으로 왔다. 빨리 입장권을 사란다. 나는 노인이라 무료입장할 수 있었지만, 지갑을 차에 두고 와서 노인 증명을 하지 못했다. 결국 어른인 나 3,000원, 아이들 4명 4,000원을 합해 7,000원을 내고 입장권을 샀다.

해설사를 따라 능 안으로 들어갔다. 한마디로 말한다면, 이게 묘 안이라고? 이 말밖에 안 나왔다. 죽은 사람이 묻힌 묘가 아니라 산 사람들이 살아가는 저택과 다를 바가 없었다.

우리 아이들 전시된 유물들 앞에서 다시 설명을 듣는다. 아까 카페에서 사진이나 동영상으로 들었던 터라 이해가 잘 되나 보다. 유물 앞에서 자세도 멋지게 잡아 셀카도 찍고 재미있어한다. 이번에는 알라를 천마총금관 뒤에 세워놓고 금관을 쓴 것처럼 찍으려고 야단법석을 떤다. "조금만 앞으로 와. 아니, 너무 많이 왔어. 뒤로 좀 더 가봐." 이러다 우리 아이들 유명 유튜버 되겠다.

천마총 답사를 마치고 다음 유적지 첨성대로 향했다. 오후 햇볕이 따가웠다. 가로수 그늘을 찾아 걸었다. 가로수는 하얀 꽃들이 탐스럽게 핀 이팝나무였다. 나는 조경업을 하는 터라 어디를 가나 나무부터 눈에 들어온다. 아이들은 '나는 개똥벌레'를 부르면서 장난감 기타와 껌 통으로 박자를 맞추며 걷고 있다.

첨성대에 와서는 아예 공연이라도 하려나, 넓은 광장을 경중경중 뛰면서 춤까지 추었다. 주변에 있던 외국 관광객들의 시선이 신경 쓰였다. 그러나 개의치 않기로 했다. 나도 해외여행을 갔을 때 길거리 공연하는 사람들을 많이 봤기 때문이다. 하지만 주변에 어르신들이 계셔서 그분들에게는 양해를 구했다.

"우리 아이들이 떠들어서 죄송합니다. 해설사가 오면 곧 다른 곳으로 가겠습니다."

어르신들은 괜찮다고 하셨다. 아이들 노는 모습이 귀엽고 보기 좋다신다.

문화해설사 설명을 토대로 우리가 읽은 《나의 문화 유산답사기》 책을 참고하였다.

첨성대는 돌로 만들어진 석조물이다. 높이는 약 9m로 아주 크지는 않지만 특별한 구조로 되어 있다.

첨성대의 받침대는 사각형이고 몸통은 원형이다. 이렇게 한 이유는 옛날 사람들은 하늘은 둥글고 땅은 네모 모양이라고 생각했기 때문이란다. 받침대는 동서남북 방향으로 정확하게 맞추어져 있고 꼭대기는 우물 정자 모양으로 되어 있어 여덟 방향을 정확히 가리키고 있다.

첨성대에는 여러 가지 비밀이 숨겨져 있었다. 첨성대 몸체 가운데 있는 창문은 정남향으로 나 있는데, 이 창문을 통해 낮과 밤의 길이가 같은 춘분과 추분, 낮이 가장 긴 하지와 가장 짧은 동지를 알 수 있다고 한다. 태양이 정남 쪽을 지날 때 햇빛이 첨성대 밑바닥까지 다 비추면 춘분과 추분이고 아랫면에서 햇빛이 다 사라지면 하지와 동지란다.

첨성대는 27단의 몸체와 맨 꼭대기 한 단을 합쳐서 총 28단이다. 이는 하늘의 대표적인 별자리 28수를 나타내고 여기에 받침돌 한 단까지 합하면 29단이 되어 음력으로 한 달의 길이를 의미한다. 또 창문을 기준으로 아래위를 세어 보면 각각 12단씩 되어 있다. 이는 1년을 이루는 12달과 24절기를 나타낸다. 사용된 돌의 개수는 약 360개로 1년의 날 수와 거의 같다.

첨성대는 1년의 날과 달과 절기, 태양의 움직임과 별자리까지 모두 나타내고 있다. 이처럼 첨성대는 과학적으로도 증명되어 놀라울 뿐만 아니라 생김새도 아름답다. 부드럽고 안정감 있는 모습으로 신라 시대의 아름다운 건축미를 보여준다. 그만큼 견고하게 지어졌기에 2016년 경주 지진 때도 큰 타격을 면한 듯하다.

경주국립박물관에 도착했다. 우리가 모인 곳은 전시실 밖 오른쪽에 있는 성덕대왕신종 앞이다. 다행히 설명을 들을 수 있는 돌계단이 있어 빙 둘려 앉았다. 해설사는 에밀레종이라고 불리는 성덕대왕신종에 대한 해설을 할아버지가 옛날 이야기 하듯 들려주었다. 책에서 읽은 대로 종을 만들 때 아이를 넣어 종을 칠 때마다 아이가 어미를 원망하며 "에밀레, 에밀레" 해서 에밀레종이 되었다는 이야기는 잘못 알고 있는 거란다. 이 이야기는 전설일 뿐이고 사람이 종을 만드는데 들어갔다는 연구는 아무 데도 없다고 했다. 이야기를 들으며 역사적 사실과 전설의 차이를 제대로 알고 올바른 정보를 받아들여야겠다.

해설사는 경주국립박물관에 이어서 예정에도 없던 아이들이 꼭 가봤으면 하는 한 곳을 더 가보자고 했다. 바로 김유신 장군 묘였다. 경주가 고향인 나도 처음이다. 서울행 기차 시간이 저녁 7시 9분이고 그때가 4시 10분이라 서둘러 움직였다.

김유신 장군 묘로 들어가는 길옆에는 때늦은 철쭉꽃이 피어 있었고 편안한 숲속 길이라 사색하기에 좋았다. 묘는 왕릉이 아니었음에도 그 규모가 웅장했다.

김유신 장군은 신라 태종 무열왕과 문무왕을 도와 백제와 고구려를 통합해 통일신라시대를 연 위대한 장군이다. 그 공로로 '순충장열 흥무대왕'이라는 칭호를 받았으며 왕에 준하는 대우를 받았다. 묘는 큰 원형으로 되어 있었다. 봉분 주변에는 둘레돌이 둘려 있고 그 둘레돌에는 12지신상이 새워져 있었다.

12지신상은 단순히 동물로 표현된 신의 모습일 뿐만이 아니라 12시간을 상징한다고 했다. 12지신상은 동물의 머리가 해의 위치에 따라 그림자가 드리우는 상태를 보고 시간을 알 수 있다고 한다. 해가 동쪽에서 뜨면 동쪽에 있는 동물 신상에 그림자가 생기고 해가 서쪽으로 지면 서쪽에 있는 동물 신상에 그림자가 진다고 했다.

해설사가 동물별로 나타내는 시간을 알려주고 지금이 몇 시인지 맞춰보라고 했다. 우리는 닭 신상 앞에 섰다. 해가 얼굴에 딱 비추었다. 시간을 보니 5시 15분으로 딱 맞았다. "와! 진짜 신기하다!" 아이들은 신기하다며 손뼉을 쳤다. 참 놀랍다. 그 옛날에 천체를 관측할 수 있는 망원경도 없었을 텐데 어떻게 이렇게 과학적인 시계를 만들 수 있었을까?

유적지를 답사하며 과학과 예술에 뛰어났던 선조들에게 존경심이 일었다. 개똥벌레 노래를 부르며 걷던 우리 아이들. 김유신 장군 묘 12지신상 앞에서, 햇빛과 그림자로 시간을 맞혀 보던 순간. 이런 모습들이 아이들 기억 속에 오래 남는 '경주의 하루'가 되었으면 좋겠다.

# 여행을 통해 발견된 잠재력

"미래는 아이들에게 달려있다. 그들이 꿈꿀 수 있게 도와주는 것이 우리의 책임이다."

존 F. 케네디 대통령의 말이다. 맞는 말이다. 이번 여행하며 가장 심혈을 기울인 부분이 아이들이 지도자로서 커갈 수 있도록 돕는 거다.

여행의 주제는 '역사 기행'이다. 아이들은 책에서 읽은 내용을 현장에서 확인하며 각자 가진 재능과 개성을 보여주었다.

알라는 지도력이 뛰어났다. 경주역 광장에서 친구를 이끄는 모습은 마치 여장부 같았다. 알라 손짓 하나에 놀이는 얼음땡이 되었다가 술래잡기로 바뀌었다. 말 한마디 없이 눈빛만 보내도 금세 모여드는 모습이 신기했다. 사진을 찍을 때 익살스러운 포즈를 취하면 모두가 따라서 장난스러운 표정을 지었다. 사진 한 장 한 장 들여다볼 때마다 웃음이 났다. 이렇게 친구들을 통솔하고 즐겁게 어울리는 능력은, 앞으로 어떤 일을 하더라도 큰 자산이 될 거다.

랑이는 예술 감각이 뛰어난 창의적인 아이다. 서울역 다이소에서 천 원 주고 산 장난감 기타로 악단을 만들었다. 랩송 노랫말을 개똥벌레 리듬에 붙여 새 노래를 만들어 냈다. 숙소에서, 버스 안에서, 길을 걸으면서 연주하며 다녔다. 한 가지에 몰두하기 어려워하는 요즈음 아이들인데 이틀이나 기타를 놓지 않는 모습은 예술적 감각을 보여준 것으로 생각한다.

돌이는 타고난 특파원의 기질을 보였다. 불국사에서 해설사 선생님의 설명을 들으며 작은 노트에 꼼꼼히 메모하는 모습이 꼭 현장 리포터 같았다. 필기도구를 챙겨 다니는 것도 여간 성

가신 일이 아닐 텐데, 글과 그림을 섞어 기록하는 모습에서 취재자의 자질을 보였다. 평소에 글도 잘 쓰고 공부도 잘하는 이유는 이렇게 메모하는 습관에서 나오지 않았나 싶다.

아지는 배려심이 돋보이는 어른 같은 아이다. 외동이라 자기중심적일 거로 생각했던 내 판단이 완전히 빗나갔다. 짐을 싸고 챙기는 모습이 애어른이었다. 숙소에서 아침밥을 먹고 난 설거지를 누가 시키지도 않았는데 도맡아 했다.

이번 여행의 감사함을 전해 본다. 아이들은 여행 준비로 《나의 문화 유산답사기》 책을 읽고 인증했다. 녹음한 내용을 단톡방에 인증한 기간이 한 달 반 걸렸다. 그 과정을 꿋꿋이 해낸 아이들이 대견스럽다. 말은 쉽지만, 하루도 빠짐없이 책 읽기가 쉽지 않은 일인데도 모두 열심히 읽어 내었다.

또 감사한 건 아이 엄마들이다. 숙소와 기차표를 빠르게 예약해 주었다. 여행 경비를 걱정하지 않도록 카드를 건네며 필요한 만큼 쓰라고 했다. 서울에 있는 엄마들은 우리가 이동해야 할 때마다 택시를 불러주는 등 실시간으로 지원을 아끼지 않았다.

현지에서 필요한 정보들을 요청만 하면 바로 찾아 알려주는 등, 마치 1분 대기조 같았다.

아이들이 유적지를 방문하는 동안 역사 이야기를 재미있고 생동감 있게 설명해준 문화해설사에게도 감사드린다. 자칫하면 지루할 수도 있는데 아이들 눈높이에 맞추어 주니 해설에 집중할 수 있었다.

그리고 나 자신에게 감사하다. 나이가 들수록 새로운 일에 도전하는 것은 쉽지 않다. 하지만 아이와 책을 읽고 여행을 떠나는 시간이 얼마나 소중한지 알기에 주저하지 않았다. 바쁜 엄마들이 하기에는 어려운 일이다. 나는 아이들과 여유롭게 시간을 보낼 수 있어 이것도 감사하다.

존 F. 케네디 대통령 말처럼 아이들의 미래는 우리 어른 손에 달려있다. 아이들이 꿈꿀 수 있게 하고, 잠재력을 발견하게 돕는 일이 이 헬미가 해야 할 일이다. 이번 경주 여행은 그냥 나들이가 아니다. 책을 읽고 배운 지식을 역사의 현장에서 해설을 들으며 이해하였다. 우리 문화와 역사에 대해 자랑스러움도

느꼈다. 여행은 끝났지만, 경주에서 보낸 아름다운 봄날의 기

억은 오래도록 아이들과 내 마음속에 남아 있을 거다.

제 5장 　　　　　아이들과 함께 성장하는 햄미

 # 시니어 메신저

손주에게 독서의 재미를 알려주고 싶어 고민하다 내가 뒤늦게 열정을 불태웠던 일들이 떠올랐다.

아들이 사춘기 때였다. 아들은 드럼을 치면 스트레스를 날려버려 공부를 잘할 수 있겠다고 했다. 학원을 알아보고 상담하러 갔다. 강사는 간단하게 이야기를 나눈 후 시범을 보여주었다. 드럼 치는 모습을 가까이에서 본 적은 처음이었다. 발은 발대로 손은 손대로 아주 빠르게 두들기는데 마치 마술쇼를 보는 것 같았다. 지금도 그때 보았던 손과 발, 귀에 쟁쟁하던 박진감

넘치는 소리를 잊을 수가 없다.

내 나이 육십 줄에 다다랐다. 내 안에 활력을 일으킨 드럼 소리가 들려왔다. 학원에 등록했다.

첫날은 오른손 왼손 번갈아 메트로놈에 맞춰 4박자짜리만 쳤다. 며칠이 지나도 드럼 앞에 앉지를 못하고 연습용 패드만 두들겼다. 강사에게 빨리 드럼에서 연습하고 싶다고 졸랐다. 강사는 며칠은 더 연습해야 한단다. 박자 개념이 완전히 몸에 배서 올라가야지 이 과정을 무시하면 나중에 더 고생한다고 했다. 드럼에 빨리 올라가고 싶어 메트로놈을 끼고 살았다.

이렇게 연습했더니 강사가 말했다. 원래는 한 달을 패드에서 연습해야 하는데 어머니는 워낙 열심히 하시니 이제 드럼에서 해도 되겠단다. 드럼 앞에 앉은 것만으로도 출세한 것 같았다. 손으로 스네어즈를 때리니 챙챙 소리가 났다. 신통방통했다.

한동안 드럼에 빠져 살았다. 강사에게 교습받은 후에도 2시간이나 더 연습했다. 집에 오면 기진맥진하여 뻗어버릴 거 같은데도 밥상을 차리며 젓가락으로 또 식탁을 두들겼다. 심지어 운전하다 신호대기에서도 핸들에 박자 맞추는 연습을 했다. 같은 동작을 반복해서인지 손등이 부어오르고 시큰거렸다. 어깨가 무너져 내릴 것 같았다. 개인지도를 마치면 한의원에서 어깨에 침을 맞고 손등에는 압박 테이프를 붙이는 것이 일상이 되었다.

그런데도 신났다. 머지않아 멋진 드러머가 되어 있을 나를 상상하니 허파에 바람든 사람 마냥 늘 실실거렸다. 물론 식구들이 돌아올 시간이면 손에 붙였던 압박 테이프는 떼어 감추었다. 손등이 부을 정도로 드럼을 쳤다면 혼날게 뻔했기 때문이다.

기본 연습을 마치고 본격적으로 노래에 맞추는 시기가 되었다. 강사는 내게 가수 현철 씨의 '앉으나 서나 당신 생각'이라는 노래 악보를 건넸다. "강사님, 내가 아무리 나이를 먹었어도 이런 노래는 안 좋아합니다." 좀 신나는 댄스곡을 배우고 싶다고 했다. 그러자 윤도현의 '나는 나비'를 선곡해 주었다. 일단 메트로놈에 맞추어 죽어라 연습했다. 강사는 초보가 단기간에 8분음표 128 속도를 메트로놈에 딱딱 맞추는 사람은 처음이라며 칭찬을 아끼지 않았다. 신이 났고 이제 무슨 노래든지 다 칠 수 있을 거 같았다. 더 잘하고 싶어졌다.

메트로놈 연습을 끝낸 후, 본격적으로 노래에 맞추는 연습을 했다. 아! 그런데 이게 웬일인가. 노래가 나오는 순간 박자를 전혀 맞출 수가 없었다. 노래는 신나지만, 젊은이 노래여서 이해가 되지 않았다. 노래 분위기에 따라 신날 때는 신나게, 감미로울 때는 부드럽게 감정을 실어서 쳐야 한다. 노래 분위기를 모르니 맛깔나게 칠 수가 없었다.

결국 윤도현의 '나비'는 포기했다. 강사는 몇 곡을 더 가져왔다. 그러나 다른 곡들도 마찬가지였다. 노래만 나오면 갈피를 못 잡고 엉뚱한 박자로 쳐댔다. 강사는 내게 드럼을 배울 게 아니라 노래를 먼저 배우라고 권했다. 사실 드럼을 쳐도 노래를 제대로 알고 쳐야 하는 거다. 기계적으로 드럼 소리만 낸다고 되는 게 아니었다. 나는 그제야 가수가 부르는 노래에 맞춰 연주하는 악단원들이 대단한 실력자들이라는 생각이 들었다.

드럼 강사의 조언대로 노래를 배우기로 했다. 그런데 어디를 가야 배울 수 있는지 알 수가 없었다. 지금이야 검색창에 '노래교실' 치면 수많은 정보를 볼 수 있지만, 그때만 해도 이런 세상이 아니었다. 결국 주변에 물어물어 알아보았다. 노래를 배울 수 있는 곳이 생각보다 동네에 많이 있었다.

이왕 배우는 노래이니 음악 이론까지 배우고 싶었다. 실용음악 교수가 운영하는 노래교실을 찾아가 직접 교수와 상담했다. 교수는 이곳은 일반 주부들이 취미로 노래하는 곳이니 이론까지 배우고 싶으면 학교로 나오란다. '학교'라는 곳은 대학 부설로 설립된 평생교육원이었다. 2년 동안 실용음악 이론과 실기를 배우는 곳이다. 졸업하면 노래 강사로 활동할 수 있는 자격도 주어진단다.

나는 노래도 못 하고 음악에는 소질이 없어 노래 강사는 안 할 거라 단호하게 거절했다. 교수는 좋은 제안을 했다. 이론부터 발성까지 미음 떠먹이듯이 아주 쉽게 하나하나 가르쳐준다고 했다. 부교수가 드럼 학원을 하니 좋아하는 드럼도 치게 해준단다. 좋은 제안에 대학교 평생교육원에 수강 신청을 했다.

2년 동안 실용음악 이론과 실기를 배우고 졸업을 앞두었다. 실습으로 어르신들이 계시는 주간보호센터에서 봉사활동을 하란다. 노래 강사는 안 하겠다고 고집부렸는데 봉사로 하는 거라 부담 없이 참여했다. 어르신들에게 노래를 가르쳐드리는 일이 이렇게 보람된 줄 몰랐다. 좋아할 만한 흘러간 옛노래를 들려드리면 무대 앞으로 나와 춤을 추며 신나하셨다.

신곡을 배울 때는 그 노래에 얽힌 사연의 자료들을 찾았다.

아무리 어려운 노래라도 그 노래의 작사, 작곡한 사연을 들려드리면 어르신들은 노래 흐름을 빨리 받아들이셨다. 노래 가사 설명 중에 "맞아! 맞아!"하고 고개를 끄덕이며 본인이 마치 주인공이 된 것처럼 마음속에 품고 있던 얘기를 풀어 놓으셨다.

한 소절 한 소절을 따라 하시게 했다. 신나는 노래는 노랫가락에 맞게 몸을 움직이시라고 했고, 애잔한 가사에는 눈을 지그시 감으시고 감정을 넣어 부르시라고 알려드렸다. 굳이 강사인 내가 노래를 잘 부르지 못하더라도 별 지장은 없었다. 그동안 살아온 얘기를 들어주고 인정해 드리는 것만으로도 위로가 되었다. 봉사로 일주일에 한 번 나가던 곳에서 강의료를 줄 테니 일주에 두 번 나오라고 했다. 이렇게 해서 내 나이 환갑에 뜻하지 않게 '치매 예방 노래 강사'가 되었다.

노래 강사로 나날을 보내던 중 전혀 예상치도 못했던 코로나가 왔다. 모든 노래 수업이 중지되었다. 노래는 마스크를 쓰고 할 수 없기 때문이었다. 돌파구를 찾았다. 악기였다. 악기는 마스크를 쓰고도 할 수 있다. 컵을 이용해 박자를 맞추는 '컵타', 그 외에 숟가락, 소고, 봉고, 젬베, 난타, 장구 등 다양한 타악기를 이용해 흥겨운 수업을 개발했다. 코로나로 외롭고 지루해

하던 어르신들에게 타악기를 활용한 수업은 스트레스 해소와 치매 예방, 건강 증진에도 도움이 되었다. 수업하면서 보다 체계적이고 효과적인 진행을 위해《이성애 실버 타악 퍼포먼스》책을 출간했다.

시니어 행복 메신저로 사는 내 모습이 보람 있고 감사하다. 어르신들을 만나면 마음이 편안하다. 젊은 시절의 긴장감을 내려놓고 목청껏 노래를 부르고 있노라면 세상 근심을 잠시라도 잊고 웃을 수 있다. 이제 이 열정을 우리 손주 녀석들을 위해 발휘해야겠다.

나이가 들었다고 배우는 데 주저할 필요가 없다. 실제로, 인생의 후반기에 새로운 열정을 발견하고 그것에 도전하는 것은 나의 삶도 풍요롭게 하고 주변 사람들에게도 긍정적인 영향을 미친다. 중요한 건 내가 좋아하는 일을 찾아 그것을 통해 다른 사람과 기쁨을 나누는 거다.

# 공부하는 할머니

손주와 책을 읽었다. 내가 어떻게 해야 아이들에게 보탬이 될지 늘 고민이었다. 사실 나는 요즈음 아이들이 읽는 책에 대해 가르칠 수 있는 사람이 아니다. 딸이 손주 문해력을 해결하기 위해 읽어만 달래서 준비도 없이 시작했다. 시작은 이렇게 했지만, 무엇이라도 도움을 주고 싶었다. 그러나 내게는 그럴 만한 지식도 콘텐츠도 없었다. 책 읽기에 대해 전문적인 교육을 받아본 적이 없기 때문이다. 생각 끝에 공부하기로 했다.

서울시교육청에서 지원하는 학부모교육센터 '독서 길잡이'에 등록했다. 독서 길잡이 멘토 선생님이 백화현 작가였다. 작가는 중학교 국어 교사로 재직하다가 교사직을 내려놓고 전국으로 독서 운동을 펼치며 다니고 있었다. 본인이 쓴《도란도란 책 모임》과《책으로 크는 아이들》출간 이야기를 들려주었다.

이 책은 가정 독서 모임 이야기다. 1기 모임 큰아이와 친구들, 2기 모임 작은아이와 친구 이야기였다. 그들은 일요일 저녁 7시 30분 작가네 집 거실에서 책을 읽고 독후감을 쓰는가 하면 방학 때는 독서 여행 혹은 주제 탐구 활동을 할 수 있도록 도와주었다고 했다. 강의를 들어보니 내 자식 키울 때랑 다를 바가 없었다.

아들이 책을 안 읽어 마을 아이들을 방으로 들어오게 해 아이스크림과 과자를 주며 책에 재미를 붙이려 했었던 일이다. 그 아이들과 책을 읽고 독서발표회를 열었다. 처음에는 내가 발표회를 진행했다. 두 번째는 너희들끼리 해보라고 했다. 아이들에게 맡겨놓으니, 독서발표회라기보다는 책을 가지고 노는 거였다.

여자아이들은 대부분 얌전하게 독후감을 쓰고 읽는 반면 남자아이들은 시끄럽게 이야기를 하거나 독후감을 쓰지 않는 아이도 있었다. 그런데 한 남자아이가 발표 도중 책에 나오는 전라도 사투리 흉내를 내려다 말이 꼬이니까 우스꽝스럽게 말했다. 듣고 있던 아이들이 방바닥을 치며 깔깔대고 웃었다. 그 아이를 쳐다보느라 진행을 멈추게 될 지경이었다. 그래도 책이 재미있다는 걸 느끼게 해주어서 좋았다. 방학 때는 책을 많이 읽은 아이들을 데리고 과학전시회, 역사박물관, 영화를 보여주었다. 지금은 그 일을 아들이 아닌 손주들과 하고 있다.

청소년 성 문화를 다루는 이옥수 작가 강의 시간이다. 작가는 본인 책인 《키싱 마이 라이프》를 읽은 독자 일화를 들려주었다. 독자는 이웃에 살아서 자기를 잘 따르는 아이라고 했다. 이 학생은 할머니가 키웠는데 붙임성이 좋아 만나면 인사도 잘했단다. 평소 작가 아들이 동생처럼 챙겨주고 밥도 먹고 잠도 자는 한 가족같이 지내던 아이란다. 어느 날 새벽에 길가 골목 쪽으로 난 창문을 두드려서, 깜짝 놀라 무슨 일인가 물었더니 "선생님, 나 무서워서 도망 왔어요." 하며 밑도 끝도 없이 말을 하더란다.

이야기인즉슨, 여자 친구랑 밤늦게까지 놀다가 성관계를 하려는데 책에서 읽었던 채강이가 생각나서 도망해 왔다는 거다.

이 책의 내용은 고등학교 1학년인 하현이와 남자 친구 채강이가 잠깐 미친 호르몬 때문에 임신을 한 내용이다. 그래서 부모에게 말도 못 하고 남자 친구와 해결하려고 애쓰는 미혼모 이야기이다.

강의가 끝나고 못다 읽은 책을 읽었다. 어린 하현이와 채강이 마음고생에 애가 탔다. 아니 엄마에게 말하지, 엄마가 도와줄 텐데 안타까웠다. 책을 다 읽을 때까지 얼마나 울었는지 눈이 습벅거려 며칠을 고생했다. 사춘기 손주와 꼭 읽어야 할 책이다.

이 강의에서는 청소년 성 문제도 결국은 가족 간의 대화 부족에서 온다고 했다. 아이가 크기 전에 아이 말에 귀 기울여 듣는 게 필요하다는 내용이다. 책의 주인공 하현이도 엄마에게 털어놓았으면 그렇게까지 마음고생, 몸고생하지는 않았을 터다. 아이가 다 커서 대화하자고 하면 대화보다는 잔소리하게 된다는 걸 교육받으면서 깨우쳤다.

서평 쓰기인 한미화 작가 《쓰면서 자라는 아이들》 '부모가 알아야 할 초등 글쓰기의 모든 것'에 대한 수업이다. 강의를 듣고 직접 서평 쓰기도 했다. 그 밖에도 질문으로 책 읽기, 하브루타 교육, 아이들과 감성 소통하기 등 독서 길잡이 기본과정 30시간을 이수했다.

그동안은 주먹구구식으로 읽어 뭔가 늘 부족한 거 같아 답답했었다. 이 과정을 마치고 나니 좀 더 체계적으로 읽을 수 있을 것 같아 좋았다.

이어서 심화 과정도 받았다. 심화 과정은 기본 과정에서 배운 내용을 주로 실습했다. 기수끼리 독서 모임을 만들어 책을 읽었다. 독서 여행을 계획하고 여행한 다음 토론하고 발표도 했다. 그림책 읽기 모임에서 그림책도 읽고 직접 그림책 만들기도 했다. 그림책은 어른이나 아이에게 글밥이 적어서 읽기에 부담이 없다. 그림으로만 보아도 글밥이 많은 책 못지않게 깨달음이 컸다.

내가 제일 좋아했던 과정은 책 만들기다. 아이와 여행하거나 요리하는 과정을 사진을 찍는다. 거기에 아이들이 그림을 그리게 하고 글도 쓴다. 이것을 책으로 만드는 과정이다. 책 만드는 방법도 여러 가지였다. 그날 읽은 책의 내용으로 미니 그림동화 책을 만들기도 했다.

원래 교육청 과정에는 여덟 과목이 있다. 그중 한 과목만 이수할 수 있다. 독서 길잡이 30시간과 심화 30시간을 수료했다고 해도 여기서 교육이 끝나지 않는다. 기본 과정, 심화 과정은 기수끼리 활동했다면 이번에는 지역끼리 묶어서 동아리 활동을 하는 거다.

이때는 독서 길잡이뿐만 아니라 감성 소통, 학교 폭력, 크리에이터 제작자, 생태 전환, 미래 교육 등 여덟 과목을 이수한 사람들이 다 모인다. 내가 사는 동네는 은평구다. 은평구에 거주하는 선후배끼리 활동을 했다. 활동하는 곳으로는 지역아동센터, 청소년 문화센터, 도서실이다. 나는 독서 길잡이를 교육받았으므로 학교 방과 후 교실에서 책 만들기를 하였다. 도서관 활동은 생태 전환 교육받은 선배가 진행했다.

독서 길잡이 교육받은 게 이것으로 끝나는 게 아니다. 2024년 온 가족 북 웨이브 100일 챌린지가 있었다. 우리 아이들 7명이 등록하고 날마다 하루 10분 책 읽기 챌린지를 하였다. 북 웨이브 챌린지가 끝나면 마을 협력 프로젝트에 참여해 더 공부할 계획이다. 할미의 공부는 계속 진행 중이다.

미국의 샤갈이라 불리는 해리 리버먼은 76세에 처음 그림을 접했다고 한다. 제대로 그림 공부를 시작한 나이가 81세라는데 101세까지 개인전을 22번이나 열었다. 그가 늦은 나이에도 그림을 시작할 수 있었던 건 젊은 남자 이야기를 들은 덕분이다. 그 젊은이는 "어르신의 나이가 문제가 아니라 할 수 없다고 생각하는 그 마음이 문제"라고 말했다.

나도 딸이 손주와 책을 읽으라 했을 때, 처음에는 못 한다고 생각했다. 그때 못 한다고 시도조차 하지 않았다면, 지금처럼 아이들과 함께 보내는 시간은 없었을 거다.

모르는 건 문제가 아니다. 배우면 된다. 나이도 문제가 아니다. 중요한 건 할 수 있다는 마음이다.

 # 한국코치협회 인증 코치 되다

서울시교육청 학부모센터에서 독서 길잡이 교육을 받던 중 '질문으로 마음을 여는 하브루타' 강의를 들었다.

강사는 직장인 엄마로서 아이 공부를 제대로 챙기지 못해 안타까웠다고 했다. 딸이 학교에서 돌아올 즈음 전화로 숙제해라, 학원 늦지 않게 가라, 책 읽어라, 지시하는 말만 하고 따르기만 바랐단다. 딸은 엄마 말을 듣지 않는 날이 많아졌고, 그러다 보니 혼내는 날이 많아 속상했다는 얘기를 털어놓았다. 그러던 어느 날, 평소에 시키는 말에서 물어보는 말로 바꾸었다고 했다.

"예은아, 집에 가서 숙제하고 학원 갈래? 아니면 조금 놀다 학원 다녀와서 숙제할래?" 아이가 선택할 수 있는 질문으로 말이다. 딸의 대답은 지금 놀고는 싶은데 학원 갔다가 와서 하면 더 힘들어질 것 같으니까, 숙제를 먼저 하겠다고 하더란다. 그러곤 한참 후 "엄마! 나 숙제 다 하고 학원 간다." 하고 기분 좋게 전화했다고 했다. 상황은 똑같은데 질문으로 선택할 수 있게 하니 아이가 달라지더라는 예를 들었다.

강의를 들으며 '맞아! 맞아!' 고개를 끄덕였다. 아이뿐만 아니라 누구에게도 지시하는 말보다는 선택할 수 있는 말로 하면 세상살이가 훨씬 부드러워질 거다. 나도 이런 교육을 받고 싶었다. 인터넷 검색도 해보고 지인을 통해 하브루타 교육받을 기관을 알아보았다. 날짜와 시간이 내 일정과 겹치고 조건이 맞지 않았다.

그러던 중 학부모 교육이 있는 날, 점심 자리에서 선배가 코치 교육을 권했다. "코치 교육을 받으면 책 읽기뿐만 아니라 다양한 코칭 대화 기술을 배워 일상생활에도 두루두루 활용할 수 있다고 했다.

마침 알고 지낸 DID 송수용 대표에게 코칭 교육에 관해 문의하니 KAC 인증 코치 양성 과정을 추천해 주었다. 바로 등록했다. 등록한 교육은 KAC 인증 코치 양성 과정이다. KAC는 Korea Associate Coach의 약자로 한국코치협회의 인증을 받은 코치를 말한다.

교육 시간은 이틀 동안 아침 9시부터 저녁 7시까지 18시간 교육을 받고 온라인으로 2시간 교육을 받는 총 20시간의 만만치 않은 교육이었다. 그래도 새로운 것을 배울 수 있다고 하니 기대되고 기다려졌다.

첫 시간에는 코치가 되는 과정과 코치 역할에 관해 배웠다. 인상적인 과목이 있었다. '상호 소개 및 팀 빌딩'이란 과목이다. 팀 빌딩은 제목을 보면 어려울 것 같았는데 설명을 들어보니 할 만했다. 지금까지 살아온 내 삶에서 10대 뉴스를 만들어 앞으로 살면서 이루고 싶은 10대 버킷리스트를 적어보는 거다. 그리고 그 내용을 바탕으로 살아온 모습과 앞으로 살아갈 모습을 각각 동물로 비유해 보라고 했다.

기억을 더듬어 내 인생의 뉴스를 추려보았는데 10가지는 못 만들고 7가지로 정리했다. 결혼한 거, 평생대학 실용음악과에 등록한 거, 시니어 강사가 된 거, 여성 기업인이 된 거, 책 읽어주는 햄미가 된 거, 라이팅 코치가 된 거, 공저를 내고 작가가 된 거였다. 이 삶을 동물로 표현해 보니 '곰'이었다. 긴 겨울잠에서 깨어난 곰.

이어서 버킷리스트도 적었다. 여행작가, 문화해설사, 영어 공부하여 나홀로 해외여행 가기, 내가 가진 것 나누며 살기. 그래서 동물을 찾아보니 '양'이었다. 양은 추울 때나 더울 때나 서로 몸을 기대며 붙어서 사는 습성을 가진 동물이다. 나도 '양'처럼 다른 사람들과 어울리며 도움을 주고 도움을 받는 삶을 살고 싶었기 때문이다.

이 과목을 들으면서 아이들에게는 '나의 10대 꿈 리스트'를 적어보게 하면 좋겠다는 생각이 들었다. 매번 책 읽고, 독후감 쓰고, 발표하고 똑같은 것만 했었다. 여기에 꿈 이야기를 하고 동물로 표현한다면 얼마나 재미있어 할까, 생각만으로도 기분 좋았다.

이번에는 '인정 칭찬 의자 게임'이다. '인정 칭찬 게임'은 한 사람을 의자에 앉게 한다. 의자에 앉은 사람에게 칭찬해 주고 싶은 내용을 포스트잇에 적는다. 한 사람씩 돌아가며 인정하고 칭찬하는 말을 하면서 포스트잇을 가슴에 붙여주는 게임이다.

내가 인정 칭찬 의자에 앉았다. 기다리는데 가슴이 두근거렸다. 이틀 동안 코치 공부를 하며 나에게 무슨 말을 해줄지 궁금하기도 하고 떨리기도 했다. 한 사람씩 말해주었다.

"70대 나이에도 열정으로 공부하는 모습이 너무 멋집니다. 아이들과 책 읽기를 더 잘하기 위해 코칭을 배우는 게 대단하세요."

이런 말을 해줄 때 가슴이 뭉클했다. '누군가에게 인정받는 게 이런 느낌이구나'를 알게 되었다. 이틀간의 코치 교육은 공감, 경청, 인정, 칭찬, 질문, 발전적 피드백 등 코칭 대화 기술을 배웠다. 이 20시간 교육만으로는 코칭 대화 기술을 익히기 어려웠다. 내친김에 KAC 인증 코치 자격시험에 도전했다.

자격시험을 보려면 코칭 실습 50시간 이상을 채워야 한다. 코칭 한 고객에게 고객 추천서를 두 명에게서 받아야 한다. 그리고 상위 코치 두 사람에게서 이 사람은 코치로서 자격을 갖추었다는 추천서를 받아야 한다. 이런 서류를 제출해 서류전형을 통과해야 필기시험을 볼 수 있다. 필기시험에서는 40문제를 풀어야 하는데 1문제당 1분 이내에 답을 써야 한다. 이 과정을 통과하면 마지막으로 실기시험을 본다. 전화로 다른 응시

생과 20분씩 실제 코칭을 해서 합격 기준을 통과해야만 했다. 한 단계 한 단계가 쉽지 않았다.

그러나 시험 준비하는 동기생들이 포기하고 싶을 때마다 손을 잡아주었다. 덕분에 실기시험까지 통과하여 한국코치협회 인증 코치인 KAC가 되었다. 혼자 하면 못 하겠지만 함께하면 불가능도 가능으로 바뀐다는 사실을 알아간다.

코치 공부를 해보라는 선배의 말 듣기를 잘했다. '순간의 선택이 십 년을 좌우한다'라는 옛날 광고가 생각났다. 코칭 자격 과정은 끝났지만, 코칭 용어를 익히기 위해 코칭 책을 한 분야씩 날마다 큰 소리로 읽고 녹음하여 오디오북으로 듣는다. 낭독하는 책 중에 《임파워링하라》의 박창규 저자는 이런 말을 했다.

"코치는 상대를 원하는 곳으로 데려다주는 것이 아니라, 그들이 원하는 곳으로 갈 수 있도록 지원해 주는 사람이다."

나는 아이들이 주도적인 학습을 할 수 있도록 도와주는 것이 아니라, 그 길을 스스로 찾아가도록 하려 한다. 나도 코치니까.

 # 라이팅 코치에 도전하다

아이들과 책을 읽으며 깨달은 게 있다. 문해력도 중요하지만, 그보다 더 중요한 건 생각하는 능력이다.

그럼 생각하는 능력은 어떻게 키울까?

나는 그 답이 글쓰기에 있다고 본다. 글을 쓰려면 무엇을 전할지와 어떻게 표현할지를 생각해 내야 하니까.

아이들은《우리 집에 외계인이 산다》를 읽었다. 이제 읽는 것은 익숙해진 거 같은데 독후감 쓰기는 여전히 어려워하고 귀찮아했다. 그래서 줄거리 요약도 해보고, 재미있게 읽은 부분이나 감명 깊게 읽은 데를 이야기해 보자고 했다.

랑이는 4학년 때 이 책을 읽었단다. 그때는 어려서 그랬는지 사람 배꼽에서 나무가 자랐다는 게 무서워서 읽다가 그만두었다고 했다. 돌이는 전체적인 줄거리를 요약했다. 첫 번째 챕터에서는 아빠, 현우, 동생 민우와 엄마랑 화목하게 살았는데 엄마가 뺑소니 차에 사고당했다는 내용이다. 알라는 책의 주인공인 찬희가 텔레파시를 보내는 장면이 재미있었다며 자기도 초능력을 써보고 싶다며 웃었다.

이렇게 느낌을 말하고 나면 그 내용을 노트에 적도록 했다. 처음부터 독후감을 쓰라고 하면 힘들어하지만, 이야기를 마친 후 말한 내용을 그대로 쓰라면 곧 잘 쓰곤 한다. 독서 모임에서 독후감 쓰기만 강조하면 책 읽는 게 부담을 느껴 역효과가 나겠다는 생각이 들었다.

그래서 생각해 낸 게 일기 쓰기였다. 일기는 어떤 틀에 얽매지 않고 자유롭게 쓸 수 있기 때문이다. 아이들이 쓴 일기를 보면 '친구와 놀았다', '재미있었다', '밥을 맛있게 먹었다'는 등 구체적으로 쓰지 않고 무엇을 했다고 마침표를 찍어버린 경우가 대부분이었다. 그러니 노트 반 페이지 채우기도 버거워하며 쓸 말이 없다고 한다.

아이들에게 '누가, 언제, 어디서, 무엇을, 어떻게, 왜' 육하원칙을 큰 글씨로 써서 책상 앞에 붙여놓으라고 했다. 일기를 쓸 때 이 원칙을 보고 쓰라고. 예를 들어, '누가- 내가, 언제- 내 생일 날, 어디서- 집에서, 무엇을- 파티를, 어떻게-엄마가 준비한 음식을 먹으며, 왜- 친구들과 재미있게 놀려고'와 같은 방식으로 쓰라고 했다.

아이들은 "할머니, 이 순서를 바꿔도 괜찮아요?" 묻는다. "물론 바꿔도 상관은 없지. 그 대신 다 써놓고 육하원칙에 맞게 썼는지 확인해 봐. 지금보다는 몇 줄은 더 쓸 수 있을 거야." 사실 말은 이렇게 했지만, 글쓰기란 어른인 내게도 쉽지 않은 일이다. 내가 글쓰기 능력을 확실하게 갖추면 아이에게도 도움이 되겠다 싶었다. 그러던 중 '자이언트'에서 라이팅 코치 양성 과정을 모집한다는 공문이 떴다. 나에게 꼭 필요할 거라는 판단에 한 치의 망설임도 없이 수강신청을 했다. 그런데 설명회 날 들어보니 단순하게 글쓰기를 배우는 게 아니었다. 작가가 작가를 배출시키는 거란다. 나는 언감생심 '어떻게 내가 작가가 될 사람들에게 글쓰기를 가르칠 수 있겠는가?'라는 생각이 들었다. 하고는 싶었지만 접어야 했다. 바로 수강취소를 했다.

그런데 마음은 이미 라이팅 코치에 꽂혀 있었나 보다. 하고 싶은 것을 못 하게 되니 마음이 영 편치가 않고 우울했다. 어느 날 아들이 물었다. 아들은 출근하기 전 회사업무 관계로 나에게 들른다.

"엄마, 어디 아프세요? 왜 요즈음 웃지를 않으세요?"

아들에게 라이팅 코치 이야기를 했다. 아들은 엄마가 무서워서 도망가는 일도 있느냐며 웃었다.

"그래, 엄마도 그런 일이 생기네. 하고는 싶은데 내가 감당하기엔 역부족이라 속만 상한다."

"내가 보니까 엄마 그거 안 하면 병나실 것 같은데요. 그 회비 내가 대줄 테니 그냥 치매 예방한다고 생각하고 하세요. 엄마가 책을 읽고 글을 쓰면 아무래도 치매 예방은 확실하게 될 것 같아요."

"얘! 그러기엔 수강료가 너무 비싸."

"엄마! 비싸기는 좀 비싼데 엄마가 치매 걸리면 치료비가 그 돈보다 훨씬 많이 들어가요. 그리고 어려우면 엄마가 할 수 있는 만큼만 하면 되잖아요."

아들이 그렇게 말해 주니 고마웠다. 가만히 생각해 보니, 해

보지도 않고 못 할 거라고 지레짐작한 거였다. '그래, 아들이 밀어줄 때 해보자' 마음을 먹고 라이팅 코치 과정을 다시 신청했다.

라이팅 코치 강의는 다시 웃게 했다. 살아가는 재미가 있다. 물론 문장을 쓰는 일은 어려웠다. 강의를 들으며 글의 주제를 뽑고 글을 쓰는 훈련을 하면 된다. 그러다 보면 글쓰기 두려움이 사라지리라 본다.

경주 여행을 다녀온 후 기행문을 쓰기로 했다. 여행을 다녀온 지 한 달이나 지난 시점이라 당시 느낌을 살리기가 쉽지 않았다. 생각 끝에 여행 때 찍은 사진을 장소와 날짜별로 분리하여 보여주었다. 아이에게 사진을 보여주니 벚꽃 나뭇가지를 흔드는 알라 사진이 나왔다.

"야야! 저거 알라 너 아니냐?"

"할머니 그 사진은 언제 찍었어요?" 하며 여행 때 좋았던 일들이 생각났는지 신나 떠들어 댔다.

"얘들아, 사진 보니 재미있지? 사진을 보고 여행 때 좋았던 기억을 되살려 기행문을 써보자."

애들은 여행 다니고 사진 보는 거까지는 좋은데 기행문을 쓰는 건 달가워하지 않았다. 책상에 엎드려 연필만 굴리고 있다. 이런 상황에서 제일 좋은 방법은 솔선수범이다. 할머니와 같이 쓰자며 내가 먼저 써서 보여주었다.

"마라탕 가게에 들어서자 서울에서는 없는 재료가 경주에는 있다고 아이들이 좋아했다. 각색의 재료들이 있었다. 하얀 두부, 초록색 청경채, 까만 버섯, 하얀 버섯이 예쁘게 놓여 있다. 아이들은 각자 좋아하는 재료를 고르기 시작했다. 나는 마라탕을 자주 먹어보지 않아 뭐가 내 입맛에 맞는지 모르니 양푼만 들고 서 있었다. 아이들이 '할머니, 이거 맛있어요.' 하며 연근을 넣어주길래 고맙다고 했다."

할머니가 쓴 글을 보니 자기들도 쓸 수 있다는 용기가 생긴 모양이다. 써보겠다고 했다.

글을 쓸 때는 눈에 보이는 대로 하야면 하얗다고 쓰고 까마면 까맣다고 쓰고 손으로 만져지는 느낌도 뜨거우면 뜨겁다고 쓰고 차가우면 차갑다고 쓰라고 했다. 입으로 먹는 맛도 그냥 맛

있다가 아니라 매운맛이면 맵다고, 짜면 짜다고, 있는 그대로 쓰라고 했다. 귀로 들리는 소리도, 코로 맡는 냄새도 모두 써보라고 했다.

마라탕 먹는 것뿐만 아니라 불국사와 첨성대에 갔을 때 친구가 무슨 말을 했는지, 재미있었으면 어떻게 해서 재미있었는지, 또 걸어가면서 무엇이 보였는지, 보이는 것을 그대로 써보라고 했다.

아이들에게 이렇게 말을 할 수 있었던 건 라이팅 코치 과정을 배웠기 때문이다. 글쓰기 선생님이 알려주는 대로 그대로 말해주었다. 라이팅 코치 과정을 배우지 않았다면 그렇게 자신 있게 말하지 못했을 거다.

글쓰기는 한 번에 완성되는 게 아니다. 아이들도 나도 꾸준히 쓰다 보면 좋은 결과가 있으리라 믿는다. 누가 알겠는가? 우리 아이 중에 유명한 작가가 나오게 될지.

무슨 일이든 하지 않고서는 아무것도 일어나지 않는다. "수도꼭지를 틀기 전까지는 물이 흐르지 않는다"라고 미국 작가인 루이스 라무르 (Louis L'Amour)가 말했다. 이 명언은 글쓰기가 어렵게 느껴질지라도 글을 쓰기 '시작하는 것'이 중요하다는 점을 강조한다. 아이들에게도 해당하는 말이지만, 내가 라이팅 코치에 도전했던 일에도 해당하는 말이다. 라이팅 코치가 힘들어 보인다고 도전하지 않았다면 아이들에게 글을 쓰라고 자신 있게 보여주지 못했을 거다. 수도꼭지는 내가 틀어야 한다.

부록

손주와 할머니 일기 쓰기 프로젝트

손주와 할머니가 일기를 쓰며 하루를 기록하고, 마음을 나누는 가족 글쓰기 프로그램입니다. 잘 쓰는 글이 목적이 아니에요. 계속 쓰는 게 이 프로젝트의 목표입니다.

독서 일기

독서 일기는 책 속 이야기를 내 생각으로 정리해 보고, 느낀 점을 남기는 기록이에요. 처음부터 길게 쓰지 않아도 괜찮아요. '책 요약 2~3문장 + 느낌 1문장' 이렇게 가볍게 시작해요. 이 과정을 반복하다 보면 책 내용을 정리하는 방법과 내 생각을 말과 글로 표현하는 힘도 자랄 겁니다

독서 일기 예시

- 책 제목: 《00000》
- 오늘 읽은 부분: 00쪽에서 ~ 00쪽
- 무슨 내용이었나요? (2~3문장)
- 주인공이 무엇을 어떻게 했어요?
- 주인공이 그 행동 때문에 어떤 일이 일어났나요?

독서 일기 질문 예시

(하루 한 가지만 골라 써도 됩니다.)
- 오늘 읽은 부분에서 가장 기억에 남는 장면은 어디였나요?
- 주인공은 왜 그렇게 행동했을까요?
- 나라면 어떻게 했을까요?
- 이 책을 친구에게 소개한다면 한 문장으로 뭐라고 말할까요?

질문형 일기

질문형 일기는 아이의 마음과 생각을 자연스럽게 꺼내는 일기에요. 처음에는 짧은 답만 나올 수도 있어요. 그래도 괜찮습니다. 질문에 답하는 경험을 몇 번만 반복해도 아이의 자기 표현은 분명 달라집니다.

질문형 일기 예시

- 오늘 기억에 남는 순간은 언제였나요? 왜 그런가요?
- 오늘 친구와 있었던 일 중에서 즐거웠던 때는 언제였나요?
- 오늘 속상했던 일이 있었나요? 그 이유가 무엇인가요?
- 오늘의 기분을 색깔로 표현한다면 어떤 색일까요? 왜 그런가요?

※ 하루 질문 1~2개만 답해도 좋습니다. 짧아도 괜찮습니다.

요일별 주제 정하기

아이들이 일기 쓰기를 어려워하는 이유는 글을 못 써서가 아니에요. '무엇부터 써야 할지' 망설이다 멈추는 경우가 더 많습니다. 요일별로 주제를 정해 두면 고민하는 시간이 줄고, 글의 방향도 훨씬 또렷해집니다.

요일별 일기 예시

- 월요일: 독서 일기- (책 내용 요약 + 한 줄 느낌)
- 수요일: 질문형 일기- (질문 1~2개만 답해도 OK)
- 금요일: 육하원칙 일기- (사건을 차례대로 정리)
- 주말에: 내 맘대로 일기- (그림, 만화, 낙서도 좋아요.)

육하원칙 일기

육하원칙 일기는 누가, 언제, 어디서, 무엇을, 어떻게, 왜 이 여섯 가지만 따라 써도 하루가 자세하게 기록됩니다.

육하원칙 일기 예시

- 누가: 나는 학교에서 친구 참새랑 놀았어.
- 언제: 점심시간 끝난 뒤에.
- 어디서: 학교 운동장에서.
- 무엇을: 배드민턴을 치면서.
- 어떻게: 공을 잘 못 받아도 뛰어다니니까 재미있었어.
- 왜: 참새랑 더 친해지고 싶어서.

독서 일기, 질문형 일기, 육하원칙 일기를 요일별로 적절히 섞어 쓰면, 매일 같은 일기가 되지 않습니다. 또한 글쓰기가 여러 가지라 지루하지 않으며, 계속 쓰게 되는 구조가 만들어집니다.

점검표 만들기

일기를 쓴 뒤에는 간단한 체크 리스트를 만들어 봅니다. 오늘 썼는지, 안 썼는지만 체크해도 좋아요. 이 과정에서 아이의 자기 관리 능력도 자라납니다. 이때, 할머니도 같이 해주세요. 작은 선물이나 약속을 걸어두는 것도 좋습니다. 선물 때문이라도 쉽게 포기하지 않거든요.

우리 아이 글쓰기 자신감!
즐거운 일기 쓰기 4가지 꿀팁

아이가 "일기에 뭘 써야 할지" 몰라 막막해하나요? 간단한 방법으로

요일별로 주제를 정해주세요

월요일은 독서 일기, 수요일은 질문 일기처럼 주제를 정하면 무엇을 쓸지 고민하는 시간이 줄어들어요.

다양한 형식으로 써보세요

독서, 질문, 육하원칙 등 다양한 일기 쓰기 방식으로 글쓰기를 지루하지 않게 만들 수 있어요.

짧아도 괜찮아요

처음부터 길게 쓸 필요 없어요. '책 요약 2문장 + 느낌 1문장'처럼 간단하게 시작하는 것만으로도 충분합니다.

특별한 프로젝트로 만드세요

일기를 모아 직접 책을 만들고 작은 선물을 준비하면, 아이에게 잊지 못할 동기부여와 성취감을 줍니다.

일기 모으기

일기를 모아 소책자로 만들어 봅니다. 책 제목을 손주가 직접 지어보게 하고 표지도 그리게 해주세요. 이 작업은 손주와 할머니가 공동으로 합니다. 가능하다면 유페이퍼에 전자책으로 등록해 보는 경험도 추천해요. 아이에게는 특별한 기억이 됩니다.

핼미 생각

책 출간은 아이에게 특별한 경험이에요. 그 특별함을 '저자 발표회'라는 행사로 한 번 더 선물해 주세요. 가족과 친구들 앞에서 여는 '저자 발표회'는, 아이의 마음속에 평생 남을 자랑이 될 겁니다.

여행이 책이 되고 책이 여행이 되는 손주와 쓰는 여행 일기

할머니랑 손주랑 여행을 떠나기 전, 그 여행지와 관련된 책을 꼼꼼히 읽습니다. 역사 문화 여행일수록 책을 읽고 가야 현장에서 해설을 들을 때 이해하기 쉽고, 실제 장소를 보면서 책에서 읽는 내용과 연결할 수 있습니다.

사진 많이 찍기

현장에서 찍은 사진은 기행문 쓸 때 참고가 됩니다. 사진을 보면 그날의 동선과 분위기가 다시 살아납니다. 간판, 표지판, 메뉴판을 찍어두면 장소 이름과 정보도 정확히 알 수 있어요. 그리고 제일 좋은 건 손주와 함께한 순간이 기억나 행복해집니다.

질문은 짧게

"뭐가 달랐어?", "어떻게 보였어?"

기록은 한 줄부터 시작합니다

처음부터 길게 쓰라고 하면 아이에게 부담이 됩니다. 부담이 가면 여행은 즐겁지만, 할머니랑 가기 싫어합니다.

여행 일기 템플릿

- 날짜
- 읽은 책 제목
- 방문한 장소
- 실제 장소에서 본 모습
- 책과 실제의 차이
- 짧은 느낌 한 줄

손주와 함께 쓰는 특별한 여행 일기 비법

떠나기 전 설렘부터 여행 후 기록까지, 할머니가 알려주는 3가지 여행 준비 비법!

여행 전, 책으로 먼저 만나요

역사 문화 여행지는 미리 책을 읽고 가면 현장에서의 이해와 재미가 두 배가 됩니다.

모든 순간을 사진으로 남기세요

풍경, 간판, 메뉴판 사진은 나중에 일기를 쓸 때 동선과 정보를 기억하는 데 도움이 됩니다.

부담 없는 '한 줄' 일기로 시작해요

처음부터 길게 쓰면 부담스러워요. "책과 실제의 차이점은?", "짧은 느낌 한 줄"처럼 간단하게 시작하세요.

① 《나의 문화유산 답사 –경주 편》(어린이/청소년)
경주 여행 전 기본서. 불국사, 석가탑, 석굴암이 바로 연결됩니다.

② 《세계 역사 이야기 –고대 편》
이집트, 그리스, 로마 등 고대 문명 흐름을 먼저 읽어두면 신라, 백제 유적에 관
한 설명 들을 때 이해가 빠릅니다.

③ 《세계 역사 이야기 – 중세 편》
중세 건축, 종교, 문화 배경을 알고 가면 성당, 사찰, 성벽 구조 등을 이해하기 쉽
습니다.

④ 《세계 역사 이야기 –근대 편》
근대화 과정을 알고 가면 기념관, 전시물 설명 들을 때 재미가 있습니다.

⑤ 《세계 역사 이야기 – 현대 편 상·하》
현대 역사와 현재 사회를 연결해 파악하는 데 도움이 됩니다.

⑥ 《신사임당》
강릉오죽헌 방문 전 읽기 좋습니다.

⑦ 《망우역사문화공원》 김영식 글
망우역사문화공원을 미리 알고 가기 좋은 안내서에요. 독립운동가, 예술가 등 역
사 속의 다양한 인물을 만나게 해주는 책으로 꼭 읽어야 합니다.

역사책 읽기는 여행 준비입니다. 떠나기 전에 꼼꼼히 읽어두면 현장에서 해설사의 설명을 들을 때 이해가 빠릅니다. 손주에게 추가로 설명도 해줄 수 있습니다.

할머니와 손주 기록장, 같이 보고, 돌아와 두 줄 쓰기

박물관, 역사공원, 도서관, 산책, 마트까지 특별한 여행이 아니어도 괜찮습니다. 같이 보고, 돌아와 두 줄만 남기면 우리 가족의 기록이 됩니다. 우리가 하려는 건 잘 쓰는 글이 아니라, 함께한 시간을 남기는 일기입니다.

가서 보기

책을 읽고 갔다면, 이 두 가지만 물어보세요.

- 뭐가 같았는지
- 뭐가 달랐는지

책을 못 읽고 가는 날도 있을 겁니다. 그날은 눈에 보인 것 중 마음에 남은 것만 적게 하세요.

현장에서는 질문 한 마디

현장에서는 길게 묻지 않습니다. 짧게 하나만 던집니다.

- "책이랑 뭐가 같아?"
- "책이랑 뭐가 달라?"
- "너는 어떻게 보였어?"
- "너는 어떻게 생각해?"

아이 대답은 길지 않아도 괜찮아요. 한두 마디만 해도 됩니다. 그 말이 돌아와 두 줄 기록으로 이어지니까요.

할머니와 손주의 '두 줄 기록법'

박물관, 공원 나들이 후, 아이와 함께한 시간을 부담 없이 의미 있게 기록하는 방법입니다.

1단계 함께 보기

일단 함께 가보세요

박물관, 역사공원, 도서관 등 어디든 좋습니다.

2단계 질문하기

현장에서 딱 한마디 질문

"책이랑 뭐가 같아?", "너는 어떻게 생각해?"
같은 짧은 질문이 아이의 생각을 꺼냅니다.

3단계 기록하기

돌아와서 딱 두 줄만 쓰기

'장소 한 줄 + 느낌 한 줄'이면
아이와 어른 모두에게 부담이 없습니다.

돌아와 두 줄 쓰기

사진 설명 한 줄 느낌 한 줄이면 아이와 어른 모두에게 부담이 덜합니다.

두 줄 기록 예시

• 사진 설명: 비석 글씨가 한문이라 무슨 뜻인지 이해가 안 되었다.

• 느낌 한 줄: 책에서 읽은 장소가 실제로 있다는 게 신기했다.

사진 찍기

건물, 전시물 앞에서 3~5장만 찍어둡니다. 두 줄 쓰기 할 때 도움이 됩니다.

햄미 생각

같이 가서 보고, 돌아와 두 줄만 써봅니다. 이 두 가지만으로도 어른은 다시 배우고, 아이는 자랍니다. 그리고 함께한 시간이 우리 가족 이야기로 남습니다.

나를 당당하게 소개하기,
자기소개가 어려운 아이를 위한 세 가지 문장

아이들은 "자기소개해 봐"라는 말만 들어도 몸을 비비꼬고, 고개를 숙이곤 합니다. 그럴 때는 세 가지만 적습니다. 내가 제일 잘하는 것, 내가 제일 좋아하는 것, 내가 되고 싶은 사람, 이 세 가지를 이어 붙이면 나를 당당하게 소개할 수 있습니다.

자기소개 기록장

- 내가 제일 잘하는 것:
- 내가 제일 좋아하는 것:
- 내가 되고 싶은 사람:

한 문장으로 말해 보기

아래 문장 중 하나를 골라 채워 넣습니다.

나는 __을(를) 잘하고, __을(를) 좋아해서, __이(가) 되고 싶은 __입니다.

나는—을(를) 잘하며, __을(를) 좋아합니다. 그래서 __이(가) 되고 싶습니다.

예시

- 잘하는 것: 그림 그리기 / 좋아하는 것: 동물 / 되고 싶은 사람: 수의사
- → 나는 그림을 잘 그리고, 동물을 좋아해서, 수의사가 되고 싶은 00입니다.
- 잘하는 것: 책 읽기 / 좋아하는 것: 이야기하기 / 되고 싶은 사람: 작가
- → 나는 책 읽기를 잘하고, 이야기하기를 좋아해서, 작가가 되고 싶은 할머니입니다.

막힐 때 던지는 한 마디

아이가 "잘 모르겠어"라고 하면 이렇게 물어보세요.

- "요즘 제일 재미있는 건 뭐야?"
- "친구들이 네가 잘한다고 말해 주는 건 뭐야?"
- "그럼 좋아하는 것부터 하나만 말해 볼래?"

세 마디 중 하나가 나오면, 다음 문장은 자연스럽게 따라옵니다.

말해 보기 연습

- 종이를 들고 한 문장을 천천히 말해 보게 합니다.
- 다 말하면 할머니는 고개를 끄덕이며 말해 주세요.

  "네 이야기, 잘 들렸다."

이 말 한마디가 아이 마음에 힘을 실어 줍니다.

기대 효과

- 나를 한 문장으로 정리합니다.
- 목소리가 또렷해집니다.
- 사람 앞에 서는 부담이 줄어듭니다.

햄미 생각

잘하는 것, 좋아하는 것, 되고 싶은 사람, 이 세 가지면 나 자신을 특별나게 소개할 수 있습니다.

3가지만 기억해! 최고의 자기소개

3가지 핵심 질문으로 자신감 있는 자기소개 문장을 완성하는 법

1. 내가 제일 잘하는 것은?

 예) 그림 그리기  책 읽기

2. 내가 제일 좋아하는 것은?

 예) 동물  이야기하기

3. 내가 되고 싶은 사람은?

 예) 동물병원 의사  작가

모두 합치면 멋진 자기소개 완성!

"저는 그림 그리기를 잘하고, 동물을 좋아해서, 수의사가 되고 싶은 ○○○입니다."

손주와 소리 내어 책 읽기, '마법의 낭독 독서' 프로젝트

소리 내어 읽기는 흐릿한 발음을 고치는 실전 훈련입니다. 눈으로 보고, 입으로 말하고, 귀로 듣는 이 과정은 두뇌를 강력하게 자극하죠. 이 삼박자 연습을 거치면 웅얼거리던 소리는 명확해집니다.

소리 내어 읽으면 무엇이 좋아질까요?

• 명확한 발음 훈련

혀 위치와 입술 모양을 정확하게 움직이면 어눌하던 소리가 또랑또랑해집니다.

• 풍성한 성량 확보

배의 힘으로 숨을 끝까지 밀어주면, 작고 힘없던 목소리가 큰 소리로 나옵니다.

• 문해력과 기억력 향상

한 자 한 자 소리 내어 읽으면 글의 뜻을 분명하게 파악하고, 내 목소리로 들은 문장은 머릿속에 오래 남습니다.

• 발표 자신감 확립

큰 소리로 문장을 끝까지 읽어내면, 학교 수업이나 발표 시간에도 머뭇거리지 않고 당당하게 말할 수 있습니다.

• 정서적 안정과 유대감

할머니 칭찬 속에 읽으면, 자기 목소리에 확신을 갖게 됩니다.

무적의 낭독 구호

(할머니와 손주가 주먹을 불끈 쥐며 힘차게 외쳐보세요.)

• 입은 크게 하마처럼 벌리자

입을 크게 벌려야 막혔던 소리가 시원하게 밖으로 나옵니다.

• 글자는 또박또박, 껌을 씹듯 꼭꼭 씹자

입안 근육을 껌 씹듯이 야무지게 움직여야 웅얼거리는 소리가 명확해집니다.

• 배에 힘 빡! 숨을 끝까지 밀어주자

배의 힘을 끝까지 써야 작던 목소리가 더 큰 소리로 바뀝니다.

• 목소리는 멀리 벽까지 던지자

목소리를 밖으로 뻗어내야 듣는 사람에게 명확히 들립니다.

• 마침표는 꾹! 확실하게 도장 찍자

문장 끝을 흐리지 않고 마침표까지 찍어야 전달력이 좋습니다.

손주와 함께! 마법의 낭독 훈련

웅얼거리는 우리 손주 목소리, 할머니와 함께하는
재미있는 훈련으로 자신감 있고 또렷하게 바꿔주세요!

입을 시원하게 벌려야 막혔던
소리가 밖으로 터져 나와요.

배의 힘으로 숨을 끝까지
밀어내야 작은 목소리가 커져요.

목소리를 멀리 뻗어야 듣는
사람에게 명확하게 전달돼요.

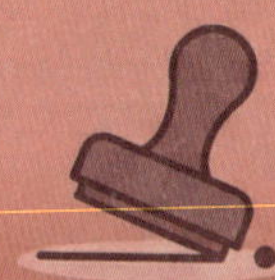

문장 끝을 흐리지 않고
확실히 맺어야 말에 힘이 생겨요.

핼미와 같이하는 '마법 낭독법'

• 배 버튼 누르기

손주 배에 손바닥을 대고 "여기가 소리 버튼이야." 하고 알려주세요.

• 입 모양 거울 되기

"아, 이, 에, 오, 우"를 과장되게 보여주세요.

• 손가락으로 글자 짚기

글자를 하나씩 짚으며 천천히 읽게 합니다.

• 마침표 도장 찍기

문장 끝에서 책상을 '똑' 치며 마침표를 느끼게 해 주세요.

• 잘한 동작 콕 집어 칭찬하기

"입 크게 벌렸네.", "끝까지 잘 읽었어."

자신감의 완성, 마침표 도장

• 문장을 읽을 때 끝을 흐리지 않게 합니다.

• '~다', '~요'까지 배의 힘을 그대로 유지합니다.

• 박수 놀이

손주가 문장을 끝내는 순간 할머니가 '짝!' 하고 박수를 칩니다. 소리와 박자가 맞으면 성공입니다.

발음이 뭉개질 때, 소리 나는 자리 잡기

발음이 어려울 때만 꺼내 보세요. 손주 발음이 흐려질 때는 어디에서 소리가 나는지 자리만 잡아줘도 발음이 또렷해집니다.

• 입술소리 (양순음) [ㅁ, ㅂ, ㅍ, ㅃ]

방법: 윗입술에 아랫입술이 닿았다가 강하게 떨어지면서 발음합니다.

연습: "마, 바, 파"를 할 때 입술을 힘 있게 붙이게 하세요.

• 잇몸소리 (치조음) – [ㄴ, ㄷ, ㄹ, ㅌ, ㄸ]

방법: 윗니 밑에 혀 살짝 댔다. 멍치 끝에 힘주고 강하게 땝니다.

연습: "나, 다, 라"를 할 때 혀끝이 윗니 밑에 닿는지 확인해 주세요.

• 입천장소리 (경구개음) – [ㅈ, ㅊ, ㅉ]

방법: 혓바닥을 입천장 가까이 올려놓습니다. 입천장과 혓바닥 사이를 가까이하면 더 좋은 발음을 낼 수 있어요.

연습: "자, 차"를 할 때 입천장과 혀가 가까워졌는지 확인합니다.

• 목구멍소리 (연구개음) – [ㄱ, ㅋ, ㄲ, ㅇ]

방법: 혀 뒷부분이 입천장 뒤쪽 부드러운 곳에 닿아야 합니다.

연습: "가, 카"를 할 때 성대를 살짝 조였다가 멍치를 때리듯 강하게 발음해야 해요.

핼미 생각

• 소리는 끝까지 읽어내야 힘이 납니다.

• 종결음 하나만 확실하게 찍어도 말에 힘이 실립니다.

• '~다, ~요' 마침표까지 찍는지 할머니가 꼭 확인해 주세요.

별거 아닌 것 같아도 이 한 끗 차이가 손주 생각을 세상에 정확히 전해줍니다.

할머니랑 놀다 보니 글씨가 예뻐졌어요.
'신나는 획순 단어 놀이' 실전법

비뚤비뚤한 글씨가 곧아지는 데에는 비결이 있습니다. 획순만 바로잡아도 글씨는 달라집니다. 손주가 글씨 쓰는 모습을 지켜보세요. 획순을 잘못 쓰고 있을지도 모릅니다. 이 습관을 그대로 두면 고학년이 되었을 때 손 근육이 굳어 교정하기가 어렵습니다. 악기를 잘못된 손가락 위치로 배우면 좋은 소리를 낼 수 없지요. 글씨도 기초인 획순이 바르지 않으면 비뚤어집니다. 지금은 손주 손가락 마디마디가 말랑말랑한 시기입니다. 연필 쥐는 법과 획순을 익히기에 딱 좋은 때이지요.

1단계: 깍두기 노트와 '빨간 번호'의 마법

• 준비물

✎ 인터넷에서 '한글 획순 쓰기' 검색 후 빨간 번호가 표시된 자료 출력.

✎ 칸이 큰 깍두기 노트.

• 실습 방법

✎ 손주가 글자 위에 적힌 빨간 번호 순서대로 쓰는지 세심하게 지켜봐주세요.

✎ 깍두기 칸의 중앙에 번호 순서대로 쓰게 합니다. 들쭉날쭉하던 글씨가 금방 가지런해집니다.

✎ 하루에 다섯 글자면 충분합니다. (ㄱ, ㄴ, ㄷ, ㄹ, ㅁ)

✎ 획순이 어느 정도 자리 잡으면 다음 단계로 넘어갑니다.

방금 연습한 글자로 시작하는 단어를 찾아봅니다.

(각 글자당 2개씩, 총 10개)

• 예시

✎ ㄱ: 과일, 가방

✎ ㄴ: 나무, 날치

✎ ㄷ: 도미노, 도깨비

✎ ㄹ: 리코더, 러시아

✎ ㅁ: 마이크, 문양

손주가 단어를 하나 찾을 때마다 아낌없이 칭찬해 주세요. 단어가 늘수록 생각도 넓어집니다.

3단계: 10개 단어로 '나만의 이야기' 만들기

찾은 단어 10개를 엮어 이야기를 만듭니다. 이때 가장 중요한 약속이 있습니다. 중간에 고쳐주지 않는 것입니다. "말이 안 되잖아", "이게 뭐야?"라는 말은 금물입니다. 단어 10개가 모두 들어갔다면 내용이 조금 어색해도 그 자체로 훌륭합니다. 할머니가 이야기를 끝까지 들어준다는 믿음이 생겨야 손주는 더 많이 쓰고, 문장도 길어집니다.

• 손주의 이야기 (예시)

러시아로 여행 가서 가방에서 과일을 꺼내 먹었다. 나무 아래에서 먹었는데 문양이 도깨비처럼 보여 자리를 옮겼다. 강이 있어서 낚시를 했고 날치를 잡아먹었다. 잠이 들었는데 꿈에서 도미노도 하고 리코더를 불며 마이크로 노래를 불렀다.

• [가장 중요] 할머니 체크 ①

연습할 때만 획순을 지키면 소용이 없습니다. 이야기를 쓸 때도 빨간 번호 순서를 지키는지 꼭 확인해 주세요. 문장을 만들 때도 연습한 획순이 나와야 진짜 내 것이 됩니다.

4단계– 특별한 무대에서 녹음하며 발표하기

이야기를 다 썼다면 손주만의 무대를 만들어주세요. 집 안 어디든 괜찮습니다.

• 무대 만들기

✍ 안방: 이불 위

✍ 거실: 소파 위

평소 올라가지 못하던 곳에 올라가는 것만으로도 손주는 어깨가 으쓱해집니다.

• 읽는 방법

✍ 종이만 보지 말고 할머니와 눈을 맞춥니다.

✍ 마침표(.)에서는 기차가 멈추듯 한 박자 쉽니다.

• 비밀 병기

휴대폰으로 녹음하거나 영상으로 찍어주세요.

• 최고의 보상

녹음 파일을 엄마 · 아빠에게 보내주세요. "우리 아들 최고네!" 이 한마디가 큰 상입니다.

할머니표 명필 교실: 신나는 획순 단어 놀이
손주 글씨 교정, 놀이처럼 재미있게!

1 빨간 번호 따라 글자 익히기

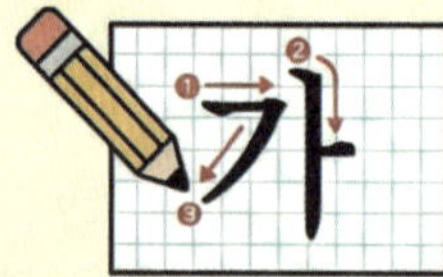

인터넷 '번호가 적힌 한글 획순 쓰기' 자료와 깍두기 노트 준비. 하루 5글자씩 연습.

2 배운 글자로 단어 뽑고 이야기 짓기

방금 배운 글자로 시작하는 단어 찾기. 단어들을 엮어 자유롭게 상상 속 이야기 만들기.

3 나만의 무대에서 발표하고 녹음하기

소파나 이불 위 무대에서 이야기 발표. 휴대폰으로 녹음해 엄마 아빠에게 자랑하고 칭찬.

★가장 중요★ 할머니 체크!

이야기 쓸 때 '실전 획순' 확인하기

연습할 때만 획순을 지키면 소용없어요. 이야기를 쓸 때도 올바른 순서로 쓰는지 꼭 확인해야 평생 습관이 됩니다.

5단계: ㅂ·ㅅ·ㅇ·ㅈ·ㅊ

"소풍 가는 날의 설렘." 글자가 복잡해지기 시작합니다. 특히 ㅂ, ㅈ은 획순이 꼬이기 쉬워 할머니의 눈이 필요합니다. 깍두기 노트에 빨간 번호를 보며 차례대로 씁니다.

• 단어 예시

✐ ㅂ: 바구니, 바나나, 분수

✐ ㅅ: 소풍, 사과, 사진

✐ ㅇ: 아침, 음료수, 옹기종기

✐ ㅈ: 자전거, 집

✐ ㅊ: 차

• [가장 중요] 할머니 체크 ②

'바구니'의 ㅂ, '자전거'의 ㅈ을 쓸 때 번호 순서를 잊지 않는지 꼭 확인하세요.

6단계: ㅋ·ㅌ·ㅍ·ㅎ

동물 이름으로 끝내는 글자 연습을 합니다. 마지막 네 글자는 획순이 자주 헷갈립니다. 할머니는 연필 끝에서 눈을 떼지 마세요.

• 지도 요령

✎ ㅋ: ㄱ을 먼저, 가운데 선은 나중

✎ ㅌ: 위에서 아래로 차례대로

✎ ㅍ: 뚜껑 → 기둥 → 바닥

✎ ㅎ: 위 짧은 선부터 시작

• 단어 예시

✎ ㅋ: 코뿔소, 카멜레온

✎ ㅌ: 타조

✎ ㅍ: 프로펠러

✎ ㅎ: 하루, 행복

햄미 생각

연습할 때는 잘 지키던 획순도 이야기를 쓰다 보면 옛 버릇이 슬쩍 나옵니다.그럴 때마다 '빨간 번호'를 떠올리게 해주세요. 이 방법이 손주 글씨를 반듯하게 만들어줍니다.

종이 한 장의 기적, '우리 손주 작가 만들기'

A4 용지를 접어 호치키스로 콕콕 찍으세요. 손주 생각이 작가님으로 변합니다.
"할머니들, 손주랑 뭐 하고 놀지 고민되시죠?"
공부시키자니 얘가 싫어할 것 같고, 그냥 두자니 심심할 것 같고 이럴 때 '책 만들기'가 딱 좋습니다. 돈 한 푼 안 들이고 '손주 생각 주머니'를 키워낼 수 있어요. 이제 그 방법을 아주 쉽게 알려드릴게요.

이 놀이를 하면 뭐가 좋은가요?

첫째, 말문이 터집니다. 자기가 만든 책을 조잘조잘 자랑하다 보면 어느새 말이 야물어집니다.

둘째, 마음이 단단해집니다. 공부인 줄 알고 투덜대던 아이도 끝까지 해내면 "나도 할 수 있어!" 하며, 어깨가 으쓱해집니다.

셋째, 성장 기록이 됩니다. 삐뚤빼뚤한 글씨와 엉성한 그림은 그 시기에만 볼 수 있습니다. 훗날 손주가 컸을 때 이 책을 꺼내 보세요. '우리 강아지가 이때 이런 생각을 했었지.' 하며 할머니와 가족 모두를 행복하게 만듭니다.

넷째, 생각하는 힘이 생깁니다. 차례(목차)를 짜는 건 머릿속에 '생각 서랍장'을 만드는 일입니다. 무엇을 먼저 쓸지 순서를 정하다 보면, 뒤죽박죽 엉킨 생각들이 정리됩니다.

작가님 탄생 비법 (순서대로 천천히 해보세요.)

1. 책 모양 만들기

① A4 용지를 반으로 접으세요. 1장은 4쪽, 2장은 8쪽짜리 책이 됩니다.

② 접힌 등을 호치키스로 찝어주세요.

③ 그 위에 예쁜 색 테이프를 붙여서 호치키스 심이 보이지 않도록 가려주세요.

2. 멋진 책 표지 꾸미기(첫 페이지)

① 제목 쓰기

제목을 크게 넣으세요.

② 지은이 넣기

손주 이름을 넣으세요.

③ 출판사 이름 넣기

손주가 직접 출판사 이름을 지어 넣으세요(예: 참새출판사).

④ 할머니 역할

표지에 들어갈 그림은 "작가님, 어떤 그림이 어울릴까요?"라고 물어만 보고 손주가 그리게 하세요. 할머니는 옆에서 종이가 움직이지 않게 잡아주거나 색연필만 살짝 건네주며 손주 조수가 되어주세요.

작가 소개하기 (중요)

① 작가 소개 칸 만들기

표지 바로 뒤쪽에 만듭니다.

② 얼굴 그리기

손주 사진을 붙이거나 직접 얼굴을 그리게 하세요.

③ 자랑거리

'AI를 연구하고 싶은 참새입니다.' 손주가 자랑거리를 직접 쓰게 합니다. 손주는 이 부분을 제일 뿌듯해할 겁니다.

차례(목차) 정하기

① 그다음 장에는 차례(목차)'를 미리 적어봅니다.

② 1쪽에는 일기, 2쪽에는 만화, 3쪽에는 편지 순으로 적어둡니다.

순서를 적어두면 무엇을 쓸까? 망설이는 시간을 줄일 수 있습니다.

할머니 추천사

책 맨 뒷장은 할머니 자리입니다. '끝까지 포기하지 않고 완성한 작가님 대견합니다'라고 칭찬의 글을 적어봅니다. 할머니 칭찬이 손주에겐 보약입니다. '추천하는 글'은 반드시 할머니가 손글씨로 직접 써주세요.

기자회견, "작가님, 질문 있습니다!"

책이 다 만들어지면 온 식구를 앞에서 '기자회견'을 엽니다. 식구들이 기자가 되어 손주에게 질문을 던져주세요.

"작가님! 이 책에서 가장 마음에 드는 장면은 어디인가요?"

"작가님! 이 책을 만들 때 어떤 마음이 드셨나요?"

손주가 쑥스러워해도 "작가님 대단하세요!" 하며 손뼉 쳐주세요. 손주는 이때 자존감이 하늘만큼 자라고, 하기 싫을 때 참고 해낸 보람도 느낄 겁니다.

햄미 생각

손주가 "하기 싫은데 할머니가 시켜서 억지로 했어요." 기자회견 때 이렇게 솔직하게 말해도 괜찮아요. "그래도 끝까지 해낸 우리 강아지 장하다. 말도 참 조리 있게 잘하네." 하고 받아주세요. 이 놀이는 글쓰기 연습뿐만이 아니라 손주 성장 기록장입니다.

종이 한 장의 기적: 우리 손주 작가 만들기

'책 만들기'의 4가지 놀라운 선물

말문이 트여요
자신이 만든 책을 자랑하며 조리 있게 말하는 능력이 자라납니다.

마음이 단단해져요
책 한 권을 완성하며 "나도 할 수 있다!"는 성취감과 자신감을 얻습니다.

성장의 기록이 돼요
삐뚤빼뚤한 글씨와 엉성한 그림은 그 시기에만 볼 수 있는 소중한 추억이 됩니다.

생각하는 힘이 생겨요
목차를 짜면서 뒤죽박죽 엉킨 생각을 정리하는 법을 배우게 됩니다.

5분 완성! 초간단 제작법

1단계: 책 모양 만들기
A4 용지를 반으로 접고, 접힌 부분을 호치키스로 고정하세요.

2단계: 표지와 작가 소개
손주가 직접 제목을 쓰고, 이름과 그림, 자랑거리를 적게 해주세요.

3단계: 내용 채우기
목차를 정한 뒤 일기, 만화, 편지 등 자유롭게 책을 만들게 하세요.

할머니의 역할: 최고의 조력자

칭찬으로 응원하기
책 맨 뒷장에 "끝까지 완성한 작가님, 대견하다!"는 추천사를 직접 써주세요.

'기자회견' 열어주기
책 완성 후, 온 가족이 독자가 되어 질문하며 작가님을 최고로 만들어 주세요.

 # 마치는 글

글을 마무리하며 지난 시간을 돌아봅니다. 책을 쓰겠다고 결심한 순간부터 끝이 보이지 않는 터널을 걷는 기분이었고, 강의 후기 쓰는 일조차 두려워했던 내가 책을 쓰겠다고 마음먹은 자체가 큰 무리였습니다.

'나이 먹은 할머니가 아이들과 책 읽는 게 뭐가 그리 대단하다고, 가만히 있으면 내 존재를 아무도 모를 텐데, 왜 이런 것들을 세상에 드러내려고 했을까.' 하는 생각이 들며, 포기하고 싶은 순간들이 수도 없이 찾아왔습니다. 과연 '내가 끝까지 해낼 수 있을까'라는 나에 대한 의심과 두려움이 나를 흔들었지만 이런 과정을 이겨 내고 원고를 완성한 지금, 이렇게 분명히 말할 수 있습니다.

"바쁘고 나이 많고, 배우지 못했다고 하더라도, 포기하지 않으면 결국 원하는 걸 이룰 수 있다."

이 여정에서 얻은 값진 교훈과 깨달음을 여러분과 나누고자 합니다.

첫 번째, 포기하지 말자는 겁니다.

끝이 보이지 않던 일도 결국 끝이 납니다. 이 책의 마무리를 지어야 할 시점에 예상치 못한 일들이 발생했습니다. 남편이 농장에서 일하다 다리를 다쳐 수술과 재활치료로 인해 남편이 하던 일들이 고스란히 내 몫이 되었습니다.

한 해 농사를 마무리해야 할 가을걷이가 한창이던 늦가을, 서리가 오기 전에 고구마를 캐야 하고, 들깨도 털어야 하고, 김장도 해야 했습니다. 이 일들을 해내지 못하면 1년 내내 농사 지은 것을 다 버리게 생겼습니다.

농장일 뿐만 아니라 회사 일도 문제였습니다. 잘 굴러가던 회사는 남편이 없으니 현장에서 사고가 연이어 터졌고, 한꺼번에

밀려드는 일들로 정신을 차릴 수 없었습니다. 게다가 남편 병간호도 해야 했고, 코치 자격시험 준비도 해야 했습니다. 그러다 보니 마음 한구석에서 이런 생각이 들었습니다.

'내가 주제 파악도 못하고 욕심을 부렸구나. 책은 무슨 책, 작가는 아무나 되나?'

모든 걸 내려놓고 싶었습니다. 그때 좌절은 이루 말할 수가 없었습니다. 그 순간, 나를 일으켜 세운 건 '멈추면 안 된다. 포기하지 말자.' 하는 다짐이었습니다. '한 번에 한 가지씩만 해보자.' 그렇게 마음을 다잡았습니다. 하루하루에 집중하기로 하고 눈앞에 있는 작은 일부터 하나씩 해결해 나갔습니다.

그 결과, 믿기지 않을 정도로 일이 풀려나갔습니다. 코치 시험에 합격했고, 가을걷이와 김장도 고생 끝에 마무리했습니다. 남편의 건강도 차츰 회복되었습니다. 무엇보다도 글을 완성하는 데 성공했습니다. 이 과정에서 '많이 배우지 못하고 나이가 많다는 이유로 꿈을 포기하지 말자'라는 교훈을 얻었습니다.

그동안 저는 배우지 못한 것을 자책하며 하고 싶은 일을 접어두곤 했습니다. 하지만 지금은 그렇지 않습니다. 도전을 포기하지 않습니다. 그래서 이 책을 읽는 분들에게 이렇게 말하고 싶습니다.

"꿈꾸는 데 나이는 아무런 장애가 되지 않는다."

배우고자 하는 마음만 있다면 언제든 길은 열려 있습니다. 나이가 많은 제가 손주와 책을 읽을 수 있었던 것도, 책쓰기를 완성할 수 있었던 것도 멈추지 않고 한 걸음 한 걸음을 내디뎠기 때문입니다. 나이는 우리를 가로막는 벽이 아니라, 우리가 가진 경험과 지혜를 발휘할 또 다른 시작점일 뿐입니다.

두 번째는 책을 읽자는 겁니다.

책은 새로운 세상을 여는 열쇠입니다. 책은 나의 삶을 바꾼 강력한 도구였습니다. 나는 어린 시절 정규교육을 받지 못해 배움의 부족함을 채우기 위해 책을 택했습니다. 책을 통해 다른 사람의 생각과 경험을 배울 수 있었습니다. 책은 나의 시야를 넓혀주었고, 꿈을 키우며 도전할 용기를 주었습니다.

책을 읽지 않는다는 것은 마치 높은 빌딩의 1층에서 세상을 바라보는 것과 같습니다. 1층에서 보는 세상은 제한적이고 좁습니다. 하지만 책을 읽는다는 것은 20층, 30층으로 올라가 세상을 바라보는 것과 같습니다. 높은 곳에서 바라본 세상은 다채롭고

넓습니다. 이전에 보지 못했던 풍경까지도 볼 수 있습니다.

책은 나를 움직이게 했습니다. 그동안 많은 책들을 찾아 읽었습니다. 독서에 대해 아무것도 모르던 내가 손주들과 책 읽는 수업을 이어갈 수 있었던 것도 책 속에 가르침이 있었기 때문입니다.

세 번째, 가족과 화목하게 지내자는 겁니다.

손주와 책을 읽는 시간은 단순히 글자를 읽는 시간이 아니었습니다. 서로의 마음을 나누고 소통하며, 사랑을 전하는 시간이었습니다. 가족과 화목하게 지내는 것은 거창한 일이 아닙니다. 책 한 권을 펼치고 그 속의 이야기를 나누며, "할머니 사랑해!"라고 말 한 마디에 위로받는 것이 진정한 행복이었습니다. 책을 통해 며느리와의 관계도 더욱 깊어졌습니다. 육아로 지친 며느리에게 작은 도움이라도 되고 싶어 시작한 일이, 결국 온 가족에게 새로운 기쁨을 선사했습니다.

이 책을 읽는 할머니, 할아버지들께 말씀드리고 싶습니다. 우리의 나이는 끝이 아니라 새로운 시작입니다. 손주와 함께 책을 읽는다는 것은 단순한 육아 도움이 아닙니다. 우리가 가진 인생의 지혜를 다음 세대에 전하는 가교 역할입니다.

완벽하지 않아도 괜찮습니다. 서툴러도 괜찮습니다. 중요한 건 함께하려는 마음, 사랑하는 마음입니다.

그리고 젊은 부모님에게도 부탁드립니다. 때로는 어르신들의 서툰 도움이 부담스러울 수도 있겠지만, 그 마음을 이해해 주세요. 우리 모두는 사랑하는 마음으로 최선을 다하고 있으니까요.

책 읽어주는 햴미가 되면서 제가 얻은 가장 큰 선물은 '함께 성장하는 기쁨'이었습니다. 손주가 책을 통해 꿈을 키워나가는 모습을 보며, 저 역시 새로운 꿈을 찾을 수 있었습니다.

여러분도 오늘 당장 손주의 손을 잡고 서점으로, 도서관으로 가보세요. 그리고 책 한 권을 펼쳐보세요. 그 작은 시작이 온 가족에게 얼마나 큰 변화를 가져올지 궁금하지 않나요.

'나이 들어 무슨 일을 하냐'고 하며 포기하지 마세요. 지금도 늦지 않습니다. 책 읽어주는 할머니, 할아버지가 되어 우리의 인생에 새로운 장을 써 내려가 보면 어떨까요?

나이는 먹었지만 일은 하고 싶어

1판 1쇄 인쇄 2026년 01월 25일
1판 1쇄 발행 2026년 01월 30일

지은이 이성애
펴낸이 인창수
디자인 허윤강
펴낸곳 태인문화사
신고번호 제2021-000142호
주소 경기도 파주시 탄현면 참매미길 234-14, 1403호
전화 031-943-5736
팩스 031-944-5736
이메일 taeinbooks@naver.com

ISBN 979-11-93709-10-8(03190)